德育原理与互联网时代创新素养培育

龚磊 刘衡 段玉莹 著

汕头大学出版社

图书在版编目（CIP）数据

德育原理与互联网时代创新素养培育 / 龚磊，刘衡，段玉莹著. -- 汕头：汕头大学出版社，2022.12
　　ISBN 978-7-5658-4890-2

Ⅰ. ①德… Ⅱ. ①龚… ②刘… ③段… Ⅲ. ①德育－教学研究 Ⅳ. ①G41

中国版本图书馆CIP数据核字(2022)第257640号

德育原理与互联网时代创新素养培育
DEYU YUANLI YU HULIANWANG SHIDAI CHUANGXIN SUYANG PEIYU

作　　者：	龚　磊　刘　衡　段玉莹
责任编辑：	黄洁玲
责任技编：	黄东生
封面设计：	古　利
出版发行：	汕头大学出版社
	广东省汕头市大学路243号汕头大学校园内　邮政编码：515063
电　　话：	0754-82904613
印　　刷：	廊坊市海涛印刷有限公司
开　　本：	710mm×1000 mm　1/16
印　　张：	8.25
字　　数：	100千字
版　　次：	2022年12月第1版
印　　次：	2023年2月第1次印刷
定　　价：	46.00元

ISBN 978-7-5658-4890-2

版权所有，翻版必究
如发现印装质量问题，请与承印厂联系退换

前　言

互联网时代的到来深刻地影响和改变着教育的各个方面，高校学生作为知识水平、学习能力、活跃程度相对较高的群体，更加容易率先学习、领会和接受新事物。互联网目前已成为高校德育无法回避的现代介体，它让学校与学生、教师与学生、学生与学生之间的双向互动关系变得更加开放、高效、活跃。大数据、云计算、即时通信、新媒体、移动互联应用等，这些互联网时代的标志性产物，迅速给大学生的学习、生活、交流方式等带来了较大的改变，这一改变对高校学生德育和事务管理工作带来了前所未有的机遇和挑战。

另外，互联网也是大学生创新素养提升的重要途径，素养培育是促进大学生全面发展的重要因素，是适应现代社会的必然要求。当今信息化时代，信息技术对人们的生活有着深刻的影响，高校是以培养新型技术人才为核心目标的，互联网时代创新素养能够让学生在学习专业技能上突破空间与时间的限制，因此，应通过信息平台知识共享提升学生的信息交流，通过互联网了解社会发展，有助于教师在教学中更准确地确定培养目标，从而让学生更好地适应社会发展需要。

基于此，笔者撰写了本书，在内容编排上共设置五章，分别为：德育原理的多维度解读、德育体系的核心要素、互联网＋时代下的德育创新、互联网时代网络素养的培育与道德提升、互联网时代信息素养及其道德意识培育。

本书立足于近年来德育工作与素养培育的研究成果，以通俗的语言、科学的论证，为读者详细解读了互联网时代下德育与素养培育的相关内容。全书以发展的眼光看待问题，在逻辑结构、理论创新诸多方面都有笔者自己的独到之处，使读者能够获得一定指导，进而推动高等教育的进一步发展。

本书即将付梓之际，笔者深感诚恐，新一代信息技术的发展日新月异，这样一本著作可能会有一定的时效性和局限性，但高校德育实践与素养培育本身就是一个不断自我创新、优化的过程，希望能够以此为基础，进一步探索、研究，找到更加科学化和具有实效性的方法与路径。

目 录

第一章　德育原理的多维度解读 … 01
第一节　德育与德育现代化的解读 … 01
第二节　德育理论的价值及其本质 … 12
第三节　德育功能及其多维视野研究 … 16

第二章　德育体系的核心要素 … 19
第一节　德育体系中的目标要素 … 19
第二节　德育体系中的主体要素 … 23
第三节　德育体系中的过程要素 … 26
第四节　德育体系中的内容要素 … 33

第三章　互联网+时代下的德育创新 … 41
第一节　互联网+时代对德育的主要影响 … 41
第二节　互联网+时代下德育发展的思路 … 43
第三节　互联网+时代下德育的创新方法 … 51
第四节　互联网+时代下德育实践的创新 … 52

第四章　互联网时代网络素养的培育与道德提升 63
第一节　网络素养培育的重要意义 63
第二节　新网络素养及其教育体系 67
第三节　网络素养培育的对策思考 80
第四节　网络道德提升与学习优化 85

第五章　互联网时代信息素养及其道德意识培育 101
第一节　信息素养及其构成与表征 101
第二节　信息素养培育的现实价值分析 106
第三节　信息素养培育的具体实施方法 110
第四节　信息素养提升中道德意识培育 114
第五节　互联网时代信息素养评价体系 115

结束语 119

参考文献 121

第一章 德育原理的多维度解读

德育原理是教育科学体系中一门重要的分支学科，它的多维度建构直接关系到德育理论的发展和德育实践的有效推进。基于此，本章主要围绕德育与德育现代化、德育理论的价值及其本质、德育功能及其多维视野展开论述。

第一节 德育与德育现代化的解读

一、德育的解读

在我国近代教育史上，曾用过"道德教育"和"训育"等概念来表示德育。而明确使用"德育"概念的，是西方资产阶级教育思想输入我国之后，我国著名教育家陶行知先生在《中国教育改造》一书中，谈到学生自治问题时提到："近世所倡的自动主义有三部分：智育注重自学，体育注重自强，德育注重自治。"这里，他明确使用了"德育"的概念，并把它看成整个教学不可分割的重要组成部分。德育说法中比较被认同的主要有以下四种。

第一，广义的德育指所有有目的、有计划地对社会成员在政治、思想与道德等方面施加影响的活动，包括社会德育、社区德育、学校德育和家庭德育等方面。狭义的德育专指学校德育。学校德育是指教育者按照一定的社会或阶级要求，有目的、有计划、有系统地对受教育者施加思想、政治和道德等方面的影响，并通过受教育者积极的认识、体验与践行，以使其形成一定社会与阶级所需要的品德的教育活动，即教育者有目的地培养受教育者品德的活动。

第二,德育就是教师有目的地培养学生品德的活动。对于德育范畴的具体理解与界定从不同的角度往往可以得出不同的结论。不同的德育定义是不同德育观的反映,对德育实践也会产生不同的影响。对德育概念具体理解的不同之处主要集中在两个方面:一是德育的内容主要包括哪些;二是如何理解德育过程。

广义的德育概念解释为:与伦理学体系中的德育概念(专指道德教育)不同,教育学上的德育,则是相对于智育和美育来划分的,它的范围很广,包括培养学生的思想品质[①]、政治品质[②]和道德品质[③]。另外还有更为广义的德育界定,认为德育除思想、政治、品德方面的教育外,还应当包括法治教育、心理教育、青春期教育,甚至还应包括环境教育等。狭义的德育专指道德教育,亦即西方教育理论所讲的"moral education"。

第三,德育也是由两个相对的方面构成:一方面是道德教育者(在学校是教师);另一方面是道德学习者(在学校是学生)。所谓德育,对于学生而言,作为道德学习者,是道德教育的主体,要主动地接受德育,视道德学习为自己生命的一部分;对教师而言,教师是道德教育者,要为学生创造道德学习的环境和条件,促进学生由道德无知到道德有知,并且转化为道德行为,形成正确的行为习惯、价值取向和行为选择。简言之,德育就是教师创造学生进行道德学习的环境和条件,能促进学生养成的良好行为习惯,即德育的本质和内涵。

(一)德育的目标

德育是教育者培养受教育者品德的活动。德育是思想教育、政治教育、法纪教育和道德教育的总称。德育包括家庭德育、学校德育、社会德育。德育是当今中国社会思想政治教育的基础,对学生进行良好的德育是广大教育工作者所肩负的使命,对学生未来良好的发展起到了奠基作用,所以应把道德教育放在所有教育工作的首要核心地位。德育的主要目标分成以下四个部分。

第一,爱国、爱人民,认同中华文化。教育引导学生热爱祖国,热爱人民,

---

① 思想品质是指一个人的意识形态、思维活动、行为和作风所显示的思想、道德修养、品性、认识等实质。在一定的范围下,思想品质起着很大的作用。

② 政治品质是决定并表现在政治观念、政治态度与政治行为等方面的个人内在的政治心理因素的总和。

③ 道德品质,又称德行,指的是衡量一个人行为正当的观念标准。个人在道德行为中所表现出来的比较稳定的、一贯的特点和倾向,是一定社会的道德原则和规范在个人思想和行为中的体现,由道德认识、道德情感、道德信念、道德意志和道德行为等因素构成。

认同中华文化，继承革命传统，弘扬民族精神，理解基本的社会规范和道德规范，树立规则意识、法治观念，培养公民意识，掌握促进身心健康发展的途径和方法，养成热爱劳动、自主自立、意志坚强的生活态度，形成尊重他人、乐于助人、善于合作、勇于创新等良好品质。德育的任务是把全体学生培养成为爱国的、具有社会公德的、行为习惯文明的、遵纪守法的公民。在这个基础上，引导他们逐步确立科学的人生观、世界观，并不断提高社会觉悟。

第二，培养学生初步树立坚定正确的政治方向。德育应教育学生树立坚定正确的政治方向，坚持社会主义道路，坚持党的领导，热爱祖国，热爱人民，立志为社会主义现代化建设事业努力奋斗。

第三，引导学生逐步确立科学的人生观和世界观。学校德育应教育学生正确地认识与处理个人、集体和国家的关系，正确认识人生价值，树立全心全意为人民服务的思想和科学的人生观；还要培养学生勇于实践、实事求是的作风，养成尊重科学的态度，提高辨别是非的能力，形成辩证唯物主义和历史唯物主义的世界观。

第四，引导学生形成知行统一的道德品质。德育是人心和灵魂的教育，是一个人内在修养的教育，是一个人能否成功的教育。传统思想品德教育以儒家思想为主流，中国人民在长期的道德教育实践和对道德教育规律的认识过程中，逐渐形成了具有中华民族特色的道德教育思想，通过思想品德教育，培养学生先进的思想、高尚的道德，就能充分发挥精神力量对社会发展的促进作用。同时，德育是促进人的全面发展教育的一个重要组成部分。人的全面发展教育的核心就是教会学生做人和创造性的工作，其中思想品德的健康发展是极其重要的，良好的思想品德会使人有博大的胸怀、远大的志向、高尚的情操。

（二）道德与德育的关系辨析

道德是以善恶评价为标准，依靠社会舆论、传统习惯和内心信念的力量来调整人与人、人与社会、人与国家之间关系的意识形态和行为规范，道德属于社会范畴。

1. 道德类型与德育的关系辨析

道德是维持人类社会正常生活的基本的行为规范。人类生活可以分为私人生活、社会生活、职业生活三个基本领域，调节这三个生活领域的道德规范分别是私德、公德和职业道德。私德是私人生活中的道德规范，是指个人品德、修养、作风、习惯以及个人生活中处理情感、家庭及邻里关系的道德规范；公德是国家及社会生活中的道德规范，也叫作国民公德与社会公德；职业道德是职业生活中的道德规范。

从德育类型划分的角度而言，德育包括私德、公德和职业道德教育。私德教育即培养学生的私人生活的道德意识及行为习惯，如相互尊重、相互体谅、相互关心、诚实、忠诚、敬老爱幼等；公德教育即培养学生的国家与社会生活的道德意识和符合社会公德的行为习惯，如遵守社会公共秩序，注意公共卫生，爱护公共财物，保护环境，见义勇为，维护民族尊严和民族团结等；职业道德教育即培养学生职业生活的道德意识及合乎道德规范的行为习惯，如忠于职守、勤恳工作、廉洁奉公、团结合作等。

2. 道德层次与德育的关系辨析

公德、私德、职业道德均含三个层次的道德要求，即道德理想、道德原则、道德规则。德育包含理想、原则、规则层次的道德教育。

道德理想教育即运用道德倡议形式激励学生的高尚行为。道德理想是一种难以完全达到的境界，却给学生树立一个不断追求的终极目标，激励着学生努力践行道德行为。

道德原则教育即运用道德指令或道德倡议指导学生的正确行为。道德原则是学校认为学生可以且应当达到的要求，但在实施中具有一定的灵活性，它是指导学生行为的基本准则。

道德规则教育即运用道德禁令或道德指令形式约束学生的不良行为。这是因为，道德规则是不可违反的最低限度要求，是必须执行的。其中肯定性规则起指导作用，否定性规则起约束作用。

3. 品德与德育的关系辨析

品德是一定的道德规范在个人思想和行为中表现出来的较为稳定的特点和倾向，是道德认知、道德情感、道德行为等构成的综合体，品德属于个体范畴。

道德认知是个体道德品质形成的基础；道德情感在道德品质形成过程中起着激发、选择和调控的作用；道德行为是在一定的道德意识、道德动机支配下所表现出来的言谈举止，是衡量个体道德品质的重要依据。

从道德任务的角度说，德育包括发展学生的道德认识、陶冶学生的道德情感、培养学生的道德行为三个相互联系的方面。

二、德育现代化

现代德育与现代化问题是现代德育理论的核心问题，现代德育与现代化是紧密相连的。"现代化是一个复杂的历史进程，它不是一个国家独立发生的变化，而是整个人类社会在不同地域、不同时间，然而，又是前后相继，逐步扩大的演进过程。"[①] 现代化是传统社会向现代社会的转变过程。它是多层面同步转变的过程，是涉及人类生活所有方面的深刻变化。概括而言，现代化可以看作是经济领域的工业化、政治领域的民主化、社会领域的城市化以及价值观念领域的理性化的互动过程。现代化不仅要求实现经济、政治的现代化，更重要的是要求实现人的现代化，人是社会现代化的主体和实践者，社会现代化是靠人去实现的。社会现代化归结到一点，就是人的现代化。我们对现代化的分析可以归纳为一句话，即现代化是探索性和创造性思想态度的发展，它既是个人的思想态度，也是社会的思想态度。在现代化的探索和进程中，人们认识到中国现代化需要的不仅是物质条件的改善，更需要具有现代意识的人。

（一）教育现代化与德育

教育现代化是现代化进程中的一个重要组成部分。我国教育现代化是一种"后发型"的现代化，它是在西方一些发达国家教育达成现代化以后才启动的。在我国教育现代化进程中，必定要吸收、借鉴西方国家现代化的先进经验，也要在一定程度上参照它们已有的模式。在教育现代化的过程中，不同类型、不同维度的关系构成了教育现代化的动力资源，推动着教育现代化的进一步发展。教育现代化过程中应处理以下关系。

1. 全球化与本土化之间的关系

全球化与本土化是近年来讨论的一个热点问题，同时也是争论甚大的概念，几乎没有一个为研究者和实践者所认同的界定。一般而言，对于全球化有四个方面的阐释和认同：①全球化首先是经济学意义上的，即所谓经济全球化、经济一体化。由于经济或生产力在社会发展中的基础作用，这一词语逐渐跨越了经济学的范畴而走向其他领域，于是有了政治全球化、文化全球化等。②全球化体现为

---

① 孙峰，龙宝新.德育原理[M].西安：陕西师范大学出版总社有限公司，2020：11.

一种变化的过程。全球化不是某一时段上的状态,而是一种不断变化的过程,是人类不断跨越空间障碍和制度、文化等社会障碍在全球范围内实现充分沟通(物质的与信息的)和达成更多共识与共同行动。③全球化体现为一种全球一体化的过程。全球化是超越地区、超越文化的一种全球整体性发展趋势。④全球化主要表现为人类价值的共同化和普遍化。由此可见,全球化一词具有复合意义。本土化是随全球化而凸显的一个概念。如果要在与全球化相对应的意义上定义本土化,那么本土化可以理解为外来制度和文化等的地方化,并且是一个动态发展着的过程,是由外向内的。而全球化则意味着原本地方性的东西走向外域,变得普遍化,是由内向外的。全球化是自身文明或文化的"外化",而本土化是外来文化的内化。

综合全球化与本土化的种种不同理解,对全球化有以下认识:首先,全球化是多维度、多层面的变化过程,主要体现为政治全球化、经济全球化、文化全球化、科技全球化等。其次,全球化是一体性和多样性相统一的过程,不仅表现为人类发展趋势和价值追求具有普遍化,还表现为人类发展的趋势和价值追求具有多样化。而本土化是一个民族、一个国家或一个地区在文明或文化上因历史地形成的独特性,它既是本身固有的,又是在全球化进程中重新塑成的。

就全球化与本土化的关系而言,它们都不再是原本意义上的单一的全球化和本土化,而是"全球化—本土化"。"全球化—本土化"之间应该坚持全球化与本土化之间的辩证互动,即在政治全球化、经济全球化、文化全球化的冲击面前,坚持和发展各民族的文化多样性或文化本土化。文化本土性或文化多元性,不仅是关于全球化浪潮的理性反思和价值批判的必然,而且具有内在的历史必然性和价值合理性。我们的立场是在事实与价值的双重维度中寻求全球化与本土化的辩证互动。"全球化—本土化"是同一过程的两个方面,全球化可以对不同种族、不同国家、不同区域、不同文化产生强烈影响,进而形成市场的统一、生活方式的趋同以及在不同的国家建立相似的组织和制度,然而它却无法真正深入某一"本土文化"的精神内核中。正是这种不同民族文化、不同国家的本土文化内核体现并发生着本土之间的差异。

另外,全球化与本土化的基本关系是互动的,这种互动表现为两个方面:一是文化趋同。全球化加快了不同国家、不同民族的文化趋同,文化之间相互碰撞,产生趋同,形成全球主义文化。二是文化选择。在全球化过程中,不同种族、不同民族、不同区域之间的文化是相互交流的,不同文化既要体现文化的共同性,

第一章 德育原理的多维度解读

又要尊重文化的差异性，来进行文化选择，文化选择就是选择优秀文化的精华，抛弃不良文化，是全球优质文化的同构过程。

2. 现代主义与后现代主义之间的关系

后现代主义是西方20世纪50年代末60年代初兴起的一种社会文化思潮，对各国产生了广泛的影响，几乎所有的文化领域都受到后现代主义的冲击，后现代主义在20世纪90年代初传播到我国，引起了文化界、思想界的热烈讨论。后现代主义是以批判和背离现代主义为标志，其目的是阻止现代的惯性，转向与现代不同的另一个时代，开创后现代文化。后现代主义要反现代性，这是因为空气污染、水域污染、噪声污染、绿化面积的减少、土地的沙漠化、温室效应到核能危机，现代性是造成这种状况的主要原因。后现代主义在反现代性的同时，也是对后工业社会（信息时代）的回应，当今西方社会多元化的发展趋势使得原有的一元社会秩序开始动摇，世界格局趋向多元化，以往一元化的封闭体系，面临巨大的挑战。后现代主义所倡导的"反实质化""去中心""不确定性""反整体主义""零散性"等术语都体现了社会多元化趋势的影响。后现代主义对现代主义的反思、批判，不是对现代主义简单、机械的否定，而是某种程度上的"辩证否定"，它既有解构、否定现代性的一面，也有肯定、建设性的内涵，它否定的并不是现代主义的存在，而是它的局限。后现代主义试图通过辩证的否定，既实现现代化，又有效地避免现代化的弊端。

后现代主义有如下特征：①批判理性主义，崇尚非理性主义。非理性主义是后现代主义的主要特征。后现代主义认为，正是现代主义和理性主义的泛滥造成了一系列社会问题和人类的灾难，因而批判、否定、解构理性主义，推崇非理性主义，成为后现代主义所追求的目标。②解构现代主体性。现代主义尊重和肯定人的主体性。而后现代主义反对人类中心主义，对主体性采取解构策略。后现代主义抨击人类中心主义，主张重建人与自然的关系，确立新的"生态意识"。同时反对"自我中心主义"，重建人与人之间的关系。在现代化中，个人主义是一切合理性的基础，个人主义的极度膨胀造成了诸多的社会问题。因此，后现代主义强调人与人之间内在的本质关系，主张用交往形式代替中心主体形式，即用"主体间性"替代现代理性主义的主体性，打破和消除主体自我与主体他人之间的界限和距离。③反对"同一性""整体性"，崇尚差异性。与反对"同一性""整体性"，崇尚差异性相适应，后现代主义倡导多元化。后现代主义认为异质的、矛盾的东西不需要统一和综合，差异不应该被消除，而应该被保留。

总体而言，后现代主义主要表现为思维方式的转换和变化，它并未向人们展示一幅完整的现代状态下的社会图像，而强调对现代性的批判和解构。后现代主义最积极的贡献，便是不满足于稳定的、陈述式的基础，而是极力地寻求人类理解的阐释性基础。这样一来，现代主义高度地注视事物的表面，而后现代主义则不断地破坏事物的稳定，以期更充分地揭示各种可能的意义。

后现代主义对现代教育有其独特的视角，具体体现在：①在教育目的观上，反对理性主义的教育目的。后现代主义在对现代性进行反思和批判的基础上，对现代主义存在的缺陷进行了批判。后现代主义认为现代主义强调理性、制度和秩序，教育的目的忽视了人的个性，导致了人的异化、人与人之间关系的疏离和个人生活意义的缺失。因此，后现代主义在反思理性主义文化的基础上，反对确立任何理性原则，主张对教育目的予以重新估量，培养具有批判能力、认可多元文化的社会公民。②在道德教育上，反对道德的外在的、固定的基础，反对道德权威主义，提倡道德多元主义。后现代主义强调道德的偶然性，反对道德的外在的、固定的基础，认为道德植根于人类日常的生活中，不存在永恒的道德标准，道德必须从绝对理念、先验设定终极价值走向具体历史、个体经验、理解的阐释。因此，后现代主义反对道德权威主义，强调非道德权威主义。反对道德权威主义的最好的方法就是进行道德对话，通过道德对话，加强理解。③在师生关系上，主张建立一种师生平等的对话关系。后现代主义认为在科学技术的影响下，知识传输的方式发生了很大变化，教师已不再是知识的唯一来源，教师发挥作用已不同于传统的教师，知识的本质不是真理、技能和信念，而是"信息"。"教授时代"已成为历史，教师的工作在于"转化智慧"。教师在师生关系中是领导者，他们的作用没有被抛弃，但在重构师生关系中，教师的作用是激发学生的学习积极性，并与教师对话。

正确认识现代主义和后现代主义的思想，并在教育理论和实践中正确处理两者的关系，对于当代教育理论的建构和发展具有价值意义和实践意义。

3. 传统教育与反传统教育之间的关系

学校教育在一定意义上既是传统的产物，又是维护传统的手段，它习惯于将已有的价值规范、思想观念重复地传递给下一代。在教育现代化的过程中，教育保持着传统的特性，不易接受现代化发展所带来的一些新的变化。但教育并不仅

第一章 德育原理的多维度解读

仅是对传统的复制，它本身就具有变化性和多样性的特点。

由于世界各国社会政治制度经济发展、生产力水平以及文化背景的差异，各国现代化的起点不同，模式各异，教育现代化也就有了"突变"与"渐变"两种形式。"突变"的形式多存在于率先实现现代化的国家，它给教育带来了革命性的影响和变化，这种革命性的变革几近"无传统"，即否定传统。而"渐变"的形式多存在于社会领域协调发展、共同向现代化迈进的国家。这种现代化的模式给教育产生的影响是"渐进性"的，传统与反传统的对抗并不激烈。

在教育现代化的进程中，教育通常鼓励的不是反传统，而是形成新的"传统"，以寻求新的变化。因此，处理好传统教育与反传统教育之间的关系，是教育现代化需要反思和探求的问题。

（二）社会现代化与德育

现代化包括社会结构变化、政治变化、经济变化、生态变化、文化教育领域和知识领域的变化等多方面的现代化。罗荣渠在《现代化新论：世界与中国的现代化进程》一书中分析了现代化的四类含义：一是指经济上落后的国家通过大搞技术革命，在经济和技术上赶上世界先进水平的历史过程；二是现代化实质上是工业化，是经济落后国家实现工业化的过程；三是现代化是自科学革命以来人类急剧变动的过程的统称；四是现代化主要是一种心理态度、价值观和生活方式的改变过程。现代化应该是一个发展的概念，它是一个历史过程，是人类认识自然、利用自然、改造自然（包括人类自身）的能力空前提高的历史过程，以及由此而引起的政治、经济、文化等社会各领域广泛而深刻的变革，其目标是高度的物质文明和精神文明。

现代化是一种复杂的社会历史现象。从社会学的社会变迁理论来讲，现代化是一种社会变迁的过程；从传统变革的角度来讲，现代化是从传统社会向现代社会变革的过程；从现代化中的工业化、都市化而言，现代化是工业化、都市化的过程。现代化是人类历史上所产生的社会生产力的巨大变革，由于现代化，导致了人类社会诸方面的变革。从各国的现代化来看，虽然各国现代化的时代背景、发展模式和步骤各不相同，但最终的目标都是要达到经济科技、社会的高度发达以及社会的全面进步。

社会现代化主要是以社会生产力和科学技术的发展为标志的，是以人类获得巨大物质生活的富裕和满足为标志的。社会现代化不仅仅是社会生产力发展和科学技术的发展，而且也是人自身的发展。辩证唯物主义认为，人是社会生产力中最基本的因素。生产力的物化形式是人主体性的展示。

在社会现代化过程中，社会生产力的解放反映着人的主体性的解放，人的主体性的解放促进社会生产力的发展，道德作为人的主体性的一部分，其发展也应当与生产力的发展相一致。现代化不是一种外在于人的社会现象，从根本上说，它不过是人自身的表现，是人的主体性的表现。现代化所标志的是人的主体性的觉醒，人类从来没有像现在这样要求把握自身，成为主体的人。当代社会生产力和科学技术的发展，为现代德育实现现代化提供了物质基础，也为人的主体性道德的发展提供了前提条件。因此，要实现德育现代化，还需要人自身的解放，需要主体的觉醒和发展。德育现代化的关键是人的现代化以及人的道德素质的现代化。市场经济与民主政治体制的发展前提是独立自主、有理性的人，现代德育是指公民教育，旨在培养现代人自由、民主、平等的现代观念，增强现代人民主参与的意识，最终造就具备独立人格的现代公民，这种现代人是现代社会发展的必然归宿，也是社会发展的必然要求。

德育现代化是实现人的现代化的一个组成方面。现代化理论本身经历了一个发展过程，从经济增长论、满足需要论、人的素质发展论的演变中，可以明显看到这一变化的轨迹，那就是从重视物质的、纯经济的因素向精神的、文化的因素转移；从重视社会客体的因素逐渐向社会主体——人的因素转移。社会处于现代化发展的转型时期，经济、政治和文化等方面的变革对人才的培养提出了新的要求。

社会现代化对德育现代化具有促进作用。德育现代化是传统德育适应社会现代化需要向现代德育转变的过程，是德育现代性不断增长的过程。德育的现代性渗透在德育本质、德育功能、德育价值、德育理念、德育目标、德育内容、德育方法及德育课程等各个方面。德育现代化是一个复杂的系统工程，涉及德育整个体系的现代化。同时德育现代化是一个改革进程，是一个从旧模式向新模式的转变过程，包括不断扬弃旧德育观念、德育体制、德育方法，向新的德育观念、德育体制、德育方法的转变。此外，德育现代化是一个长期的过程。德育现代化在本质上表现为对社会发展的顺应与超越，需要长期发展，不断演进，在不同的发展阶段，将目标、内容、特征进行不断的丰富和完善。德育现代化既是一种目标追求，又是价值引导。

（三）人的现代化与德育

在现代社会发展进程中，现代化的人是与现代社会相适应的，具有现代思维、现代文化、现代技能和现代价值观、道德观的现代化的人。现代人的基本特征是自尊、自立、自强、自律，具有独立性、主体性。现代人与传统人在素质上的差异不仅体现在知识与技能的差异，更重要的是体现在道德观念与心理上的差异。传统社会向现代社会的变革，从其实质来讲就是文化的变革，这就必然会引起人们的心理冲突与道德冲突，现代人要在这样一种文化心理交错的环境中成长起来，实现道德观念的现代化是十分重要的。从历史的横截面看，没有社会新观念的萌动，没有普遍的心理气氛，没有变革的要求和新的指导思想，就不可能有新的历史实践活动。

人的现代化以现代德育为基础，在人的现代化过程中现代德育担负着重要的职责。在现代化进程中，现代人自身的现代化是极其重要的。因为现代化建设以人的发展为基础和前提，以人的完善（物质上与精神上）为其终极的目的。然而，在人类社会进行的现代化追求中"人"却失落了，人们对物的关注导致了社会的异化，使得人类在享受丰裕的物质资料的同时，产生了精神的危机和道德的滑坡。现代物质主义的泛滥造成了德行在生活中的失落，削减德育在生活中的地位以及对于生活的魅力。在现实中，人们一般理解的现代化实际上只限于物质生活的现代化，关注的往往是社会生产力的发展、科学技术的进步、社会环境的改善和物质生活水平的提高，而对现代化的另一个层面——理想道德、信仰等则很少注意。现代人的伦理危机在于人在人群中仍处于异乡，人与社会、人与人关系的疏离。

此外，现代人的危机还在于自然界已无神秘可言，自然界只是运动着的原子、分子，只是满足人类个体或全体欲望的纯粹的工具。历史唯物史观认为，人不仅是一种物质存在，也是一种精神存在，精神是人超越其他动物的根本特征之一。人的精神生活是朝向价值目标的生活，没有精神家园，没有价值目标，就会失去精神生活。道德作为人类的一种精神活动，它要受物质的、现实的生活因素的制约，精神生活并不能够脱离现实的物质生活，它必须现实化。

现代德育以促进人的道德素质现代化为目的，即把人作为现代道德主体来培养，以满足主体德行发展的需要。这是现代德育的根本目的，也是现代德育的本体功能和内在价值，它体现了现代德育的核心思想，是现代德育的本质规定，也是人类社会德育存在的意义。

第二节　德育理论的价值及其本质

一、德育理论的价值

从价值的界定方式出发，有着不同的看法，可以归结为以下观点。

（一）效应作用意义说

第一，德育价值就是德育活动（德育价值客体）对于社会成员和受教育者（德育价值主体）的作用或具有的意义；第二，德育价值是指德育的属性、功能对德育价值主体需要的满足所产生的效应；第三，德育价值与哲学价值具有贯通性，哲学上的价值是对主体的效应，或价值是客体对主体的作用和影响（意义）。这里的效应不等于效用，但包括效用。效应指一切作用和影响；效用是指功用、实用。以效应界定价值，也有力地确保了价值的客观性，它不仅包含了价值中的主客体关系范畴，而且由于主体、客体及二者相互作用的客观存在，确证了效应的客观性。这种观点将德育价值最终界定为"效应、作用、影响、意义"等，看到了德育价值的"客观性"，无疑具有一定的合理性。但是，德育价值是"客观性"和"主观性"的统一，对"客观性"的强调不应以忽视"主观性"为代价。

（二）需要—结果说

德育价值是具有一定需要的主体与德育发生相互作用的过程中产生的、符合主体目的和满足主体存在与发展需要的结果。这样的结果具体地说，就是受教育者在德育过程中形成的思想品德、心理素质及相关能力。这种观点认为德育价值是"主体需要的结果"，看到了德育价值的"主体性"，但却忽视了德育价值与德育功能的联系，忘却了德育根本属性在德育价值确立中的位置。

（三）对象化反映说

德育价值是社会即价值主体对培育思想品德的需要，在德育即价值客体所具有的培育对象思想品德功能属性上的对象化反映。这种观点从反映论出发，认为德育价值是主体需要在客体功能属性上的对象化反映，从一定层面暗含了德育主体与德育客体的关系，但"反映"通常被理解为"把客观事物的实质表现出来"，虽然"对象化反映"超越了"反映"的实质，将主体需要和客体属性紧密地结合起来，但"对象化反映"的关系并不能涵盖德育价值所包含的复杂的关系。

（四）关系说

德育价值是作为客体的德育活动及其功能对作为德育价值主体的社会、个人的德行需要的满足与否、促进与否的关系。德育价值主要反映的是德育活动的属性、功能与德育价值主体的需要之间的关系，主要是由社会、个人对德性的需要来决定的，这种观点认为价值表征的是一种"关系"，一种"主体需要"与"客体属性"之间的复杂关系，不仅较好地避免了前三种观点的误区，也较为完整、全面、准确地界定了德育价值的内涵。

综上所述，德育价值可界定为：德育价值是德育主体的需要和德育客体与对象的属性之间的关系。

二、德育的本质分析

"本"即"根本"，"质"即"特质""特性"，故此，"本质"就是指事物"根本的特性"或"根本特质"。"本质"是此事物之所以为此事物，而非他事物的根本原因之所在，是一个事物存在的标志性特征，它决定着该事物的存在与发展。

本质必须寄托于现象来存在，而现象是多姿多彩的，研究者审视现象的角度、视野决定着他们对事物本质的认识结果。本质是在事物、现象的背后隐身而存在的，是任何一种感觉器官都无法直接触及的。本质只能诉诸理性，借助于人的抽象思维和语言来提取，事物的本质是研究者从自己的认识角度抽象、思考的结果。在德育本质研究上也是如此，它是各种德育本质观产生的根源所在。例如，有人将德育的本质视为"社会价值体系对个体道德价值体系的定向整合和提升"[①]。另外，德育本质就是教导学生对于善与义务能知又能行等。这都是从不同角度来认识德育本质的结果，它们之间是互补的关系，而非绝对的对立关系。

（一）德育是一种价值学习活动

德育即"道德教育"，这是传统意义上的理解，它关注的是教育者向受教育者施加的道德影响，在这一过程中，道德学习者更多处于被动地位，他们是被教化的对象；在现代德育中，德育的本质含义不是"教育"，而是"学习"，即"道德学习"，而道德的最核心要素是人的价值观，故道德学习的根本含义是价值观

---

①申明.德育：养成人道德品质的社会活动——德育本质的探讨[J].湖湘论坛，2006（5）：72.

学习，现代德育即"价值观学习"或"价值学习"的代名词。"价值学习"不同于"知识学习""技能学习"。

"知识学习"改变的主要是人的认识、观念，改变的手段是人类积累、占有的知识信息资源；"技能学习"主要改变的是人的动作方式，改变的手段是教育者掌握的动作经验与技巧；"价值学习"主要改变的是人的处事态度、人生信念与道德理解，改变的手段主要是道德体验、道德示范、道德实践等，反复性、长期性、内在性是这一转变的重要特征。

总而言之，人在世界上的主要活动有三种：认识活动、实践活动与价值活动，分别对应人的三种官能：大脑活动、身体活动与精神活动，道德学习显然主要指涉的是第三种活动领域，价值学习是现代德育的根本内涵。

（二）德育帮助学习者改变现有生活方式

现代德育的目的不只是要让道德学习者信守道德规范、伦理法则，做一个社会意义上的"规矩人"，更要引导他们在道德理想、道德信念的指导下，积极突破现有的生活方式或"活法"，过上一种更为自觉、道德的生活。道德教育的意义更多集中在道德理想指导下的可能生活。换言之，现代道德教育的目的是要让道德学习者更加自觉、自主、自由地应对现实生活，去追求更高境界的道德生活方式，去追求一种更加幸福、公正、美好的生活方式。这种价值引导是现代德育的根本特征。

人们生活在世界上，就必然会选择一种生活方式，每种生活方式的内核或枢纽都是一种价值观念、理想信念，它决定着人们生活的各个方面；一旦人的价值观被改变，他的整个生活世界、生活面貌、生活细节都可能因此而发生系统性改变。因此，重塑人的价值观，帮助他选择一种更加有意义的价值观，是改变人的现实生活世界的重要切入点。其实，适应现实生活只是道德学习者融入身边世界的前提，促使他们超越现实生活，建构一种更为理想的生活方式，才是道德学习者的能动性所在。现代德育正是借助对学习者道德理想、生活理想的引领来整体改变他们的生活方式与人生轨迹。

（三）德育是以道德学习者为主体的价值学习活动

在现代德育中，学习者是不可辩驳的德育主体或价值学习主体，充分发挥他们的主体性地位是德育活动顺利展开、顺畅开展的前提条件，这是由德育过程的内在矛盾决定的。在现代德育中，德育工作者与学生的矛盾、学生的现实道德生活与（新价值观统领下的）理想道德生活的矛盾是德育过程中的特殊矛盾，它们的运动方式建构着学校德育活动的特性。相比而言，前一矛盾是所有教育活动的共有矛盾在德育活动中的再现，而后一矛盾才是学生道德品质建构过程中的核心矛盾。重视前一矛盾是对德育活动之教育性的肯定，而重视后一矛盾则是对德育过程之发展性的肯定。

德育活动是一项既具有教育性又具有发展性，既能主动引导学生价值观的建构又能充分发挥学生参与道德活动、发展道德素养的主体性的活动。通过这一活动，学生在价值引导与自主建构中实现了道德的发展。同时，这两大矛盾之间是具有内在联系的：前者决定了学生道德生活的建构和价值观的形成不能离开德育工作者的引导，而后者决定了德育工作者对学生的价值观引导必须立足于学生自觉、自主建构其价值观的主观能动性之上。确立并尊重学生在德育过程中的主体性，让所有学生成为德育活动的主人，让发展道德成为学生自己的事是现代德育的基本特征。

同时，现代德育强调：价值学习必须是学习者亲历、亲为、亲身的参与过程，是其他人难以代劳、代理的。道德学习者是德育的主体，他们的亲身实践、切身体验、自我理解、全身参与是价值学习生效的必经之途。换个角度来看，现代德育的本质是学习者的价值观学习与建构活动。帮助学生建构自我认同、社会倡导的价值观，引导其过上一种有价值、有意义的道德生活，磨砺他们参与道德生活的精神操守，形成处理道德问题的原则智慧。显然，这正是现代德育影响学生发展的独特方式。所谓"价值观"，就是支撑一个人生活的基本信念，它决定着人一切行为的基本取向，决定着人应该以怎样的心态去创造自己的生活。因而，价值观是学生精神世界的中枢，价值观的变革是学生走向理想道德生活，实现人生意义的直接切入点。

与其他教育形态相比，德育影响学生发展的主要手段不是思维改造、情感感化、行为规范、知识授受、肉体训练、艺术欣赏、技能模仿（尽管它们对学生价值观的形成会产生间接或辅助性的影响），而是借助学习者亲身的道德实践体验、反思讨论活动来引导他们积极价值观的建构和道德理想的形成。故此，价值学习的特殊性就决定了现代德育尤为关注学习者的自我参与、心灵体验、价值自省的德育活动，并使德育效能的提升立足于这亲身性的道德学习活动之上。

（四）德育在工作者主导价值学习环境中得以实现

现代德育离不开道德学习环境的参与和辅助，德育环境建构是辅助学生价值建构的必需媒介。所谓环境，就是人周围的一切人、事、物等构成的要素综合体，德育环境由一切参与学习者价值建构的要素构成，如学校文化、课堂氛围、师生关系、社会背景等，它们构成了学生价值学习的外围条件与信息传递媒介。

在德育环境中，德育工作者始终处于主导、统领地位，他们正是通过对德育环境的设计、控制、干预将德育影响传递给学习者。从某种意义上看，道德知识具有不可直接传递性，唯一能够传递的方式就是将之"搭载"到德育环境之中来传递，德育工作者正是通过控制德育环境来促进学习者的价值建构的。在现代德育中，师生关系是影响学习者价值建构的最重要环境。另外，现代德育活动的"三要素"——德育工作者、学生与理想道德生活之间构成了一种网状结构与多向互动，这一特殊的结构决定了现代德育活动的独特性在于：德育工作者与学生之间是主体间关系、交往性关系、互主体性关系、对话协商式关系，而非主客体关系、训导性关系、单向性关系等。因此，理想的道德生活是师生共同参与、共同经营、共同建构的结果，而非提前由德育工作者所规定好的，由德育课程文本、德育教科书限定的。在德育活动中，师生携手共创理想的道德学习环境，为学习者的价值建构提供一种科学、健康、有效的心理环境与社会环境支持。

第三节　德育功能及其多维视野研究

一、德育功能的界定

所谓"功能"，就是指有特定结构的事物或系统在内部和外部的联系和关系中表现出来的特性和能力，它反映的就是事物之间相互影响、相互作用的一种关系。所谓德育的功能，就是德育活动对与之相关的事物所产生的种种影响或作用。道德是人类所有生活的一个重要维度，德育自然要涉及社会生活的各个方面和层面，因此，德育会经由影响学生发展这一途径将其功能波及社会生活的各个方面。正是由于德育对人们生活影响的广泛性，才使德育的功能变得多样化。为了对这些功能获得一个相对系统的理解，在此，对德育的众多功能进行分类。

德育活动对个人以及社会的发展有着重要的影响,但在不同的社会历史阶段,德育所发挥的作用不是一成不变的。有时是正向地发挥作用,促进着社会发展,有时是负向地发挥作用,阻碍着社会的进步;有时是显性地发挥作用,而有时是隐性地发挥作用。一般而言,功能是指事物或活动所发挥的作用和效能。德育功能就是指德育活动对个体发展或社会发展所产生的各种影响和作用。德育作为一种培养人的道德品质的社会实践活动,一方面,它对个体的发展起着重要的作用,如形成个体良好的道德品质、促进个体智力的发展、提高个体人生境界等;另一方面,它对社会的发展有着积极的影响,如促进社会的整合、经济的发展、文化的变迁等。

德育功能不同于德育价值。德育活动对个体或社会的影响和作用,即德育功能,可能是正向的、积极的、人们所期望的;也可能是负向的、消极的、人们不期望的。德育功能反映的是德育的实际效果,它具有客观性,不一定能满足主体的需要。而价值是主体和客体之间的一种关系,是客体的属性或功能与主体需要之间的现实关系。

由此可见,德育价值具有关系属性,反映了人们对德育活动的一种主观期待,是人们"理想的"价值在德育活动中的投射。简言之,德育功能是"实然"的、现实的影响,德育价值是"应然"的、理想的期待。

德育功能不同于德育目的。德育目的是指一定社会对德育活动所培养的人在道德品质方面的要求,它是人们对德育活动预期实现结果的设定,回答的是德育培养具有哪些道德品质的人。德育目的虽然也带有一定的主观性,但它反映了特定的社会发展的需要和个体身心发展的规律,可以细化为各级各类的德育目标,一般会以有关部门的方针政策的形式出现,带有一定的规范性、强制性。简而言之,德育所发挥的功能不一定是德育目的所期待的,但德育目的除了反映一定的价值期待以外,还具有现实性,在一定程度上可指导德育活动的开展。

二、德育功能的多维视野

社会是一个复杂的系统,德育活动对不同的社会子系统发挥着不同程度的作用和影响。同时,德育活动对个体的身心发展也发挥着不同程度的作用和影响。这种作用和影响可能是正向的、积极的或是负向的、消极的,也可能是显性的或是隐性的。因此,德育功能是多维度的概念,可以从不同的维度将德育功能划分为不同的类型。下面主要从德育的显性功能与隐性功能进行分析。

显性功能与隐性功能是默顿分析功能的一个维度。显性功能是指主观目标与客观结果相符的情况，或者说结果是事先所期待或希望出现的；而隐性功能则是指出现的结果既非事先筹划也未被察觉。由此可见，显性功能是有目的实现的功能，而隐性功能是主观期望以外的意外结果。依据功能划分的这一维度，德育功能可以划分为显性功能与隐性功能。德育的显性功能是指依照德育目的、任务和价值期望，德育在实际运行中所出现的与之相符合的结果，如个体道德品质的发展、社会道德风貌的改善等。德育的隐性功能是指非预期的且具有较大隐藏性的功能，如高尚的道德境界会有益于身体健康、致力于道德规范的学习会使学生削弱道德反思能力等，都是意料之外的德育隐性功能。

任何社会活动都存在显性功能与隐性功能，不能只看到显性功能，忽视隐性功能的存在。德育的显性功能与隐性功能的划分不是绝对的，隐性功能若被有意识地开发、利用，就会转变为显性功能，但同时也要警惕一些负向的隐性功能。

第二章 德育体系的核心要素

高校是人才培养的摇篮,高校德育一直都受到社会的密切关注。现阶段在校大学生大多都是"00后"一代,学生的思想会受到多元化的冲击,高校德育的难度较大,以往的高校德育体系已经不能满足学生发展的实际需求。高校对于德育体系中的各要素需要有新的认知,创新教育手段,转变教育思想,从而促进高校德育改革,使高校德育不断发展达到新的高度。基于此,本章主要探讨德育体系中的目标、主体、过程与内容等要素。

第一节 德育体系中的目标要素

一、德育目标的要求

所谓"德育课程的目标",是指德育课程所要达到的要求,或者是指德育课程预期要达到的目的。总体而言,德育课程的目标很清楚,就是要培养具有良好品质的人。而德育课程的具体目标如何定位,却是一个值得研究的问题。对这个问题,有各种不同的看法,大体上有两种定位方法:一种是广义定位法,即将德育课程的具体目标定得比较宽泛;另一种是狭义定位法,即将德育课程的具体目标定得比较狭窄,这里将按照狭义和广义这两种定位法,研究德育课程的具体目标定位问题。

(一)培养良好的品德和行为

德育课程的基本目标,或者说基本教育要求,是对受教育者进行正确的德育认知教育，培养他们良好的道德品质，使他们养成良好的行为习惯。这是三位一体的递进要求：首先，德育知识的学习。作为学科的德育，同其他学科有共性的一面，即有关德育科学知识的学习，这是科学认知的任务。其次，思想品质的培养。德育认知为品德的培养创造思想认识方面的条件，而品德的培养，则是德育的主要任务。品德的培养，着重于将认知内化为人的德行，成为人的品质。最后，要规范行为、养成习惯。德育的终极目标，还是要培养品质、规范行为、养成习惯。这三个方面的要求，既是递进的，又是相互联系、互为促进的。

（二）有效促进"三观"教育

"三观"教育指的是世界观、人生观、价值观的教育。世界观讲的是对整个世界的总的看法；人生观讲的是对人的一生的总的看法；价值观讲的是判断事物价值的根本观点。"三观"教育分别有各自特定的内容和要求，这是与一般德育的内容和要求相区别的一面；另一方面，"三观"教育与德育又有十分紧密的内在联系和相互影响。"三观"教育在人的教育过程中，具有更高层次和更为根本的意义，是一种较高的教育要求（当然，这种教育也要渗透在日常生活中）。"三观"教育既可以说是德育的一部分，也可以说是一般德育的进一步提高。它们实质上同为"如何正确做人"的教育，两者的一致性很强；而且，受教育者具有良好的品德，对于接受"三观"教育起重要的促进作用。

二、德育目标的定位

德育是学校教育的一部分，也是国家发展事业的一部分。在指导学校德育课程目标定位的过程中，国家起着主导性作用。各国在考虑德育课程目标定位时，都力求与经济、社会和文化发展的要求相适应。

（一）目标定位与经济发展

国家的发展是全方位的，而处于首位的是经济的发展。经济的发展带动其他各方面的发展，同时也是其他方面发展的基础。道德教育与经济发展的关系，从表层来看，并不明显。但是，如果进一步深入考察，便可以发现，学校德育与经济发展的关系是十分紧密的。

当今世界经济发展最突出的特点就是全球化、现代化。各国都根据自己的特点，积极规划经济现代化的发展战略。而在规划经济现代化的过程中，教育均被置于优先发展的地位。这是因为，经济的现代化固然取决于多种因素，而最重要的因素则是人，是人才的培养。有了符合经济现代化需要的人才，便能从根本上取得实现经济现代化的主动权。此外，丰富的科学、文化知识是重要的，而良好的思想、道德品质同样是十分重要的，甚至在一定意义上说是更重要的。"因为只有具备了良好的思想、道德品质，才会有事业心，才会有强烈的社会责任感，才会善于处理人际关系，才会与人合作共事。而这些品质都是在实施经济现代化所不可缺少的。"①

现代经济是市场经济。只要坚持从各国的实际情况出发，坚持平等、互利的原则，市场经济的发展对于推动经济的现代化具有巨大的作用。市场经济的发展与道德教育也有十分密切的关系。一方面，市场经济发展对社会进步和人的成长起着积极的促进作用，激活了社会进步的内在机制，锻炼和培养人的创造精神、进取精神和社会责任心。同时，要特别注意防止发展市场经济对德育所产生的消极影响，加强爱国主义、集体主义教育，引导人们正确处理个人利益与集体利益、国家利益的关系；正确处理当前利益与长远利益的关系；正确处理个人发展与社会发展之间的关系，在发展市场经济的大潮中，磨炼出与时代发展要求相适应的优良道德品质，树立正确的理想、信念和价值观。

（二）目标定位与社会发展

学校德育是广义的道德教育，与社会发展的关系是相辅相成的，它们之间的关系主要表现在以下两个方面。

第一，道德起源于社会实践。从理论上而言，道德是一种社会意识形态，它是人们社会关系的反映。这种社会关系也就是人们的社会存在，是在实际的生活过程即社会实践中形成的。在社会实践中，在改造世界的活动中，人与人不仅在经济方面结成一定的关系，而且在思想情感、观念形态方面，也形成一定的关系。以这种思想情感和观念形态方面形成的关系为基础，逐渐演化出一套行为准则，这便是人们所说的道德，也就是用以调整人与人、人与社会之间关系的行为准则。从人类社会发展的历史可以看到，规范人与人、人与社会之间关系的行为准则，总是在人与人、人与社会所发生的实际关系中产生的，即在人们的社会实践中产生的。无论人们是否意识到，社会实践是道德的本源这一点则是确定无疑的。道德在实践中产生，并且随着实践的发展而发展。脱离社会，脱离人们的社会关系和社会实践，不可能有抽象的行为准则和道德。良心、义务、善恶、爱憎等观念，

---

① 吴铎.德育课程与教学论[M].杭州：浙江教育出版社，2003：20.

都是在一定的社会条件下产生并随着一定的社会条件转移的。总而言之，是人类的社会关系和社会实践决定着道德，而不是道德决定社会的发展。

第二，道德对社会发展有着巨大的能动作用。道德源于社会实践，但并不仅仅反映社会实践；当它产生之后，便反过来主动地作用于社会实践，阻碍或促进社会发展，这就是道德对于社会发展的能动作用。这种作用可以是积极的，即通过人们的信念、良心、义务感、责任感、善恶观、爱憎观等，自觉自愿地为社会实践服务，为调整社会关系服务，为巩固社会经济基础服务，发挥对社会发展的推动和进步作用。

（三）目标定位与文化发展

道德与文化同样有着十分密切的关系，这种关系主要表现在以下两个方面。

1. 道德与文化是相互融合的

从大文化的范畴来看，道德是文化的一部分，其中文化的范围较为广泛，就精神文化而言，其核心是它的价值观，这就与道德完全融为一体了。道德与文化的融合，特别体现在儒家文化之中。中国传统的儒家文化，甚至被认为主要是儒家的伦理道德。因为，儒家文化与儒家伦理道德一样，都以研究人、人生、做人以及各种伦常关系为核心，主要解决人与人、个人与社会、个人与国家之间的关系问题，以至于人们难以区别"儒家文化"与"儒家伦理道德"的主要内涵。一般而言，在一定的历史时期，一个国家的文化与道德，都存在着这种内在的融合关系。

2. 道德与文化之间存在差异

即使就大文化的概念而言，虽然包括了教育，但教育毕竟只是文化的一部分，文化还包含其他许多部分的内容，这些内容也就是我们通常所说的狭义"文化"的内容，而这些内容又和教育相并列，两者并不相同。例如，除教育以外，文化还包括各种自然科学、社会科学、文学、语言、文字、戏剧、电影、美术、音乐、舞蹈、戏曲、曲艺等。这些内容又是与教育有区别的。教育与文化既相辅相成，又相互制约。从相辅相成一面来看，两者一般是互相促进、共同发展的。优秀的文化促进教育的发展，而良好的教育也会促进文化的发展。

第二节　德育体系中的主体要素

在道德教育过程中，教师和学生作为主体同时参与进来，围绕德育目标，通过对德育课程资源的分析、理解、体验和共享，实现师生双方的共同成长。在德育过程中，师生关系应该是一种主体间的关系。

一、德育主体的含义

长期以来，谁是德育的主体是德育理论中争议较大的问题。在教育史上，针对教师和学生在教育中的地位问题，存在两种典型且影响重大的理论：一是传统教育理论主张的"教师中心论"；二是现代教育理论主张的"儿童中心论"。20世纪80年代之前，我国受传统"师道尊严"的观念和"教师中心论"的影响，一直将教师作为德育主体。但从20世纪80年代开始，我国针对教育主体，包括德育主体的问题展开讨论，相继出现了多种解释，如单一主体论——教师主体或学生主体；双主体论——学生和教师都是主体；主体转化论——教师开始是主体，然后学生逐渐成为主体。

"单一主体论"是受二元思维的影响而出现的，它认为有主体必有客体。因此，教师是主体而学生是客体。随着人们逐渐认识到这种思维的局限性，也认识到在人与人交往的过程中，每个个体都是主体，彼此相互发生作用。于是出现了"双主体论"。"主体转化论"认为在一开始学生的主体性是欠缺的，因此，教师是主体，但是随着学生的发展，他们逐渐成为德育的主体，这一观点考虑到德育过程中学生身心发展有一个不断成熟的过程。

有关德育主体的讨论实际上凸显的一个焦点就是对德育对象的主体性的尊重与认可。针对"教师中心论"，学生主体思想的提出是教育思想与德育思想的一大进步，也推动了教育实践的改革。但是，单一主体论中的学生主体论对教师主体作用的否定容易在理论上与实践中造成一定问题，如教师忽略或放弃应有的教育职责。双主体论和主体转化论虽然肯定了教师与学生的主体性，但双主体论在主体问题上并未就教师与学生主体性做出明确区分。

另外，将学生定义为德育对象，并不意味着学生就处于客体地位，不具有主体性，而强调教师作为主体也并不否认学生主体性的存在。因此，从德育过程的实行角度来看，教师是德育主体，但教师主体性的发挥是在尊重、认可和激发德育对象主体性的基础上的，换言之，教师作为德育主体的核心恰恰在于德育对象主体性的激发与发挥。这里所论及的"德育主体"并不仅限于专门从事德育活动的教师，我们将这类教师称为"专门的德育者"。除此之外，还存在大量的非专门的德育者。他们同样对学生的道德发展负有不可推卸的责任，同样对他们的道德成长起着重要的作用。只不过，随着学校教育系统的不断完备与细化，现在德育被作为整个学校教育的一个组成部分，德育教师也就从教师整体中分化出来，成为专门的教师，由此非专门的德育教师也就被忽视了。但是，教育作为一个成"人"的活动与事业，其道德意蕴与目的是不可去除的，德育的目的就是教育的最高目的，教育就是德育。因此，任何教师都是德育教师。由此，德育主体既包括专门的德育者，也包括非专门的德育者。他们负有同样的德育职责与使命，区别仅在于从事德育活动的方式与内容。

二、德育教育主体的特征

通过对上述高校德育主体含义的认识，可以看出，只要重视高校德育主体的主体性，发挥他们的主体性力量，高校德育就会充满活力。在当今时代，高校德育主体不断被赋予崭新的时代内涵，这不仅体现了高校德育与时俱进的时代特征，也展现着人的主体能力的不断提高，高校德育主体具有如下基本特征。

（一）自主性特征

自主性具有两个尺度：第一个尺度描述个体的客观状况、生活环境，是指相对于外部强迫和外部控制的独立、自由、自决和自主支配生活的权利与可能；第二个尺度是对主观现实而言，是指能够合理地利用自己的选择权利，有明确目标、坚韧不拔和有进取心。自主的人能够认识并且善于确定自己的目标，不仅能够成功地控制外部环境，而且能够控制自己的冲动。高校德育主体的自主性就是指高校德育主体能够依据自己的意志决策行动、选择和评价。自主性使教育者能够在德育实践活动中依据客观实际和受教育者的需要，有计划、有目的地合理安排德育内容、德育目标、德育方法等。

（二）能动性特征

所谓能动性，是指主体在自我发展的对象性的活动中，能战胜自己的消极、被动，积极、主动、自觉地认识和改造客体的实践。人的能动性体现在实践活动中，就是使实践活动具有一定的计划、良好的程序和明确的目的。高校德育主体的能动性就是指教育者和受教育者作为主体能够在德育实践活动中，自觉地意识到自身的主体身份和自觉地发挥认识和改造客观世界能力的属性，既包括高校德育主体对德育活动的适应，也包括对德育活动的选择。德育主体的能动性发挥程度对德育活动的效果有重要影响，但也要注意高校德育主体的能动性发挥是在尊重德育活动客观规律的基础上。

（三）创造性特征

创造性[①]是人的主体性的最高表现，不仅包括对客观事物的发展和完善，也包括对主体自身的发展和完善，实现自我超越。高校德育主体的创造性特征是其主体性的核心构成要素，是德育主体之所以为主体的本质体现。在德育实践活动中，高校德育主体的活动会受到活动客体及德育规律的制约、限制，但从不囿于既定的客体和规律，总是创造条件、改变环境，超越既有的现实去创造新的生活。高校德育主体就是通过不断创造新的生活世界才使自己的主体地位得到确证和巩固，主体性得到充分发挥。

（四）交往性特征

交往是在一定历史条件下，现实的个人、社会集团、民族、国家之间以一定的手段为媒介的、互为主体和客体的相互往来、相互作用、相互联系的物质和精神交流活动。我们可以从两个维度来理解交往的这一概念：一个是横向维度，它反映了主体和主体之间的社会联系；另一个是纵向维度，它反映了主体间的这种联系是在主体与客体的社会实践活动中形成和发展的。也就是说，交往范畴不仅仅表明主体与主体的关系、主体与客体的关系，更是主体之间与主客体之间关系的统一。高校德育主体的交往是教育交往，教育者和受教育者是"我"与"你"的平等关系，受教育者置身于德育活动中，为自身的发展而学习，知识只是手段，目的是获得生命质量的提升，领悟生命的内涵。

（五）生成性特征

人是发展中的存在，"生存"并非简单地指"生命的存活"，而是指"生成

[①] 创造性是指个体产生新奇独特的、有社会价值的产品的能力或特性，故也称为创造力。新奇独特意味着能别出心裁地做出前人未曾做过的事，有社会价值意味着创造的结果或产品具有实用价值或学术价值、道德价值、审美价值等。创造性有两种表现形式：一是发明，二是发现。创造性以创造性思维为核心，创造性思维又以发散思维为核心。根据影响创造性的因素，可以从环境制度和个性培养两个方面来提升学生的创造性。

着的存在"。人的存在不是现成的而是生成的,并且不会最终定格于某一确定的状态,而总是向着未来,向着新的可能性开放。

人的存在先于本质,人的本质是后天在社会中逐渐发展而成的,在人与人的交往中以及社会实践活动中。德育作为一种以培养人、促进人的成长和发展为宗旨的社会实践活动,必须把促进德育主体的生命生成、生活意义和生命价值的实现作为最终目标和终极目的。所以,在人性及建立于其上的人的形象问题上,教育理论和实际工作者必须持一种多样的、开放的和灵活的态度,不断地用新的和更加全面的眼光来对待人、思考人和培育人。高校德育主体就是在这种生成性的德育实践活动中不断丰富和提升自身的精神生活、不断拓展自己的人生价值和人生意义的,从而实现作为主体——人所应具有的生成性本质。

第三节 德育体系中的过程要素

高校德育过程是高校德育系统的媒介,是联系高校德育各要素之间的桥梁和纽带。当前,很多高校德育普遍存在感染力和吸引力不足且实效性差的问题,深入探讨高校德育过程是现实的需要,也是进一步全面研究高校德育的重要基础。

一、德育过程的概念界定

概念是思维的工具,是研究问题的逻辑起点。对高校德育过程的分析首先要从概念开始,高校德育体现着一种静态,即观念上的高度抽象;而高校德育过程体现着一种动态,即时空上的变化发展。所谓过程,指的是事物运动、变化、发展所经过的程序。德育过程的概念大体上有以下分类。

第一,德育过程是教育者根据受教育者的知、情、意、行几个方面进行有组织、有计划的影响,使他们按照无产阶级的道德规范调节自己的行为,形成无产阶级所要求的品德的过程。

第二,德育过程是教育者把一定社会的思想体系、政治观念和道德规范转化为受教育者个体的思想、政治、道德品质的过程。

第三,德育过程是教育者对受教育者施加思想品德影响和受教育者接受教育者施加影响的过程。

第四，德育过程是以形成受教育者一定思想品德为目标，教育者和受教育者共同参与、双向互动的教育活动过程。

第一种观点强调的是道德上的；第二种观点强调的是灌输思想体系、政治观念和道德规范；第三种观点强调了教育者的主导和受教育者的主体作用；第四种观点体现了教育者和受教育者共同参与的双向互动性。

以上各种观点在不同程度和视角上对德育过程做了分析，综合起来本书把德育过程定义为："教育者把社会所要求的政治观念、思想体系和道德规范，有目的、有计划、有组织地通过各种途径影响受教育者，使之转化为受教育者思想品德的过程"[①]。宏观上，德育过程是贯穿人一生的道德教育；微观上，德育过程是学校教育中具体的道德教育。而关于高校德育过程我们可以从三方面理解：一是高校德育过程是德育实践的发展状态和存在方式；二是高校德育过程是德育实践在时间和空间上的动态展开；三是高校德育过程是德育目标实现的程序。由此我们可以得出：高校德育过程即高等学校教育者依据一定社会的思想体系，政治观念和道德规范对大学生进行思想政治教育的过程，是在教师的引导和大学生的自主学习相统一的活动中形成思想道德主体的过程。

二、德育过程的特征分析

（一）德育过程是社会性和实践性的统一

不同社会条件和不同历史时代赋予大学生不同的时代特征，大学生通过活动与交往在社会中形成思想政治观点，养成一定的道德行为习惯。当前，社会发展的同时也面临着各种社会思潮和价值观念及生活方式的挑战。现代化的传播方式打破了高校和社会的屏障，这一切都促进了高校德育过程的社会化进程，大学生的社会意识、价值观念、心理状态、群体特征、思维方式和生活方式，已不同于以往任何一个时代。在社会、家庭和学校的共同影响下，高校德育过程与社会生活之间在时空上紧密联系，因而这种多渠道、全方位的教育影响过程具有广泛的社会性。

作为当代年轻人，他们并不是一成不变地、静止地、消极被动地接受外部教育，而是要在其参与各种实践活动的交往中受到来自外部的影响。想要他们接触的所有教育活动表现出良好的教育效果，需要这些活动和大学生自己的思想政治

---

① 刘忠孝，陈桂芝，刘金莹.高校德育论[M].哈尔滨：黑龙江人民出版社，2019：73.

水平、认识水平及情感状态接近。因此，高等教育必须适合大学生的思想特点，在有意义的活动中进行教育。大学生是社会主义事业的建设者和接班人，他们的素质越强，品质越优秀，今后在社会中就会创造更好更多的经济效益与社会效益。伴随着专业学习的过程，大学生或多或少会存在一些思想问题和实际问题。这些问题需要在高校德育过程中加以解决，包括学生所学专业与其兴趣爱好、能力特长的匹配情况、发展前景及其社会影响力、日后工作的待遇和生活条件等。因此，在高校德育过程的实施过程中应该与专业结合进行，例如，开展一些专业性的学术性活动和社会调查等。

总而言之，大学生思想品德的形成和发展都是在教育教学和各种社会实践活动中实现的。这些实践活动是检验学生对思想品德教育接受程度的标准，同时也提供了典型的事例、丰富的内容和广泛的途径。因此，高校德育过程是广泛的社会性和鲜明的实践性相统一的过程。

（二）德育过程是自觉性与渐进性的统一

教育者将思想道德意识传授给受教育者，并让其转变成自己的思想道德品行，是一个非常复杂的内部思想矛盾运动的过程。从接受思想品德规范的认识过程来说，由不知转化为已知；从矛盾的性质来说，由错误思想转化为正确思想，旧思想转化为新思想；从思想品德形成的心理结构来说，由知转化为行；从思想矛盾的转化来说，要经历由量变到质变的过程等。这样一个复杂的转化过程只能靠受教育者的觉悟去完成。

由于高校德育过程外部影响因素的广泛性，必然给受教育者思想品德的形成带来反复性。高校德育过程和任何事物的发展一样，要经过波浪式的前进、迂回曲折的过程，这种螺旋式的发展是有外部原因的，外部原因主要是受消极因素的影响。因此，要正确对待受教育者思想的反复性，加以引导并积极分析受教育者思想品德变化情况，排除各种困难，不断促进受教育者的思想品德沿着正确方向发展。

（三）德育过程是教育与自我教育的统一

大学生形成良好的思想品德，需要教育者长期教育和大学生多年个人刻苦努力。在高校德育过程中，教师起着主导作用，大学生自身起着主体作用。大学生不仅是高校德育的客体，而且是高校德育的主体。只有使高校德育工作者的主导作用与大学生的主体作用相结合，使大学生积极主动地自我教育，并与教师的引导相互配合，才可能产生良好的教育效果，从而推动大学生的思想品德向更高的层次发展。自我教育在大学生思想品德形成中的作用是举足轻重的，大部分大学生能自我意识、自我批评、自我评价、自我监督并且确立明确具体的奋斗目标，能够积极自觉地接受教师的教育，主动参加院校开展的活动，并成为学生群体中的骨干和榜样。随着大学生的自我教育不断延伸与扩展，集体习惯也随之养成，同时健康、文明、积极向上的大学生集体，又会提高其组成人员的自我教育。很明显，在整个高校德育过程中，教育和自我教育始终是统一的。

三、德育过程的优化方法

高校德育过程是一种活动过程，是一种有目的的活动过程，是教育者和受教育者共同参与、相互作用的过程。过去在实施高校德育的过程中，往往存在两种倾向：一是过分强调教育者的主导作用；二是忽视受教育者在高校德育过程中的主体能动性，直接影响了高校德育的科学性和有效性。因此，应特别重视高校德育过程的优化，把教育者的组织、引导、教育同受教育者能动的认识、体验和践行有机结合，使之成为内在的统一过程。

（一）创建全方位育人的德育环境

所谓德育环境即影响教育对象思想、道德、观念、个性形成的一切外因的总和，主要由自然环境、经济环境、精神文化环境以及政治环境构成，它对整个德育过程的进行都起着重要作用，因此，我们不仅要着眼于德育过程，更要时刻关注我们的德育环境。高校德育过程是一个受多方面影响的过程，不仅受高校德育过程内部多种因素的影响，更受学校、家庭以及社会外部环境的影响，优化高校德育过程必然要从高校德育环境着手。德育环境包括家庭环境、学校环境和社会环境，其中家庭教育和家庭情感对学生的影响不容忽视，老师可以多与家长建立联系，借家长来进一步了解在校大学生的行为和想法，这样更利于教师与学生的沟通。社会环境是对德育过程影响最大的一个外部环境，也是对受教育者思想影响最大的一个因素，社会的发展、社会活动的进行和人际交往等都对受教育者思想品德的形成有着相应的制约。

学校为受教育者提供学习的平台和交流发展的天地，只有建立健全的学校、家庭、社会之间三位一体联动的高校德育环境体系，才能逐步实现高校德育过程的连续性和社会化。目前普遍存在着学校理论教学与社会实际问题脱节的现象，作为高校教育工作者要意识到这个现象的严重性，在注重教学设施和课程建设的同时，更要注重理论与实践相结合。事实上，高校德育过程的重点并不在于向学生传授了多少与德育有关的知识，关键是要让学生将所学到的这些德育内容转化为其自身的素养，提高自身素质，同时密切观察学生的学习态度、社会活动、表现以及社会实践情况。

　　在德育过程中从"知"到"行"的转化离不开道德的实践，所以作为教育者要注重学生的实践问题，尽量为学生提供更多的社会实践机会，鼓励学生积极投身于社会。可以建立和充分利用青年志愿者服务基地，开展社区服务，开展单位共建和参加社会公益活动让学生拥有与社会接触的机会，通过实践让学生了解社会、了解国情，感悟人生中的各种情感，增强社会的责任感和使命感，促使学生自觉地形成优秀的思想道德品质。教师通过实践观察学生的学习程度、接受程度，从学生的实际情况出发，因材施教，为德育工作的开展奠定坚实的基础。当然，德育过程不可操之过急，要以全方位、全面综合的眼光考虑问题，如果德育工作仅仅依靠自身的力量来开展，过程中以自我为中心，不考虑环境，更不与环境保持一致，不注重社会的变化也不抓住社会上的一些热点、难点、疑点，这样势必会与社会脱轨，更会影响高校德育的效果。所以高校德育工作者要创造实践并在实践中不断提高受教育者参与德育行为的意识，整理出一套整体的、全方位的高校德育开放模式，逐步实现高校德育过程的社会化。

　　高校的所有教育者都肩负着教书育人的重任，所以，高校的德育工作不是少数人的努力就能实现的，需全体人员的共同努力。首先，可以从在高校就职的教育者入手，加强学校各单位各部门之间的互动，同时更要不断地加强教育者之间的沟通。通过大家的互动构建完善的、有联系的，相互配合、相互促进的完整的育人体系。教育部门以及教育者之间要相互理解、支持和信任，教师与学校管理者也要相互理解和信任，大家相互配合，不断探索创新，在德育过程的路途中追寻真知，发现育人的新途径和新思路。其次，加强教育者与受教育者之间的沟通，德育过程是教育者与受教育者共同参与、共同努力、共同作用的过程。德育过程并不仅限于"你说我听"的教育者向受教育者一味地灌输式教育，教育者完全可以自觉地营造出良好的互动环境，拓宽二者之间沟通的渠道，改进教学方法，进行讨论式教学，二者相互学习、相互渗透。教师要相信学生、关爱学生、尊重学生，与学生开展心与心的沟通。所以说德育环境在很大程度上取决于家庭、学校和社会之间的互动和相互配合，取决于教育者和受教育者、教育者之间的配合与沟通。只有创建全方位全员育人的高校德育环境，才能更好地促进高校德育工作的开展。

（二）激发学生道德教育的主体性

道德主体性指人在道德实践过程中所表现出来的能动性、积极主动性和自觉性，其中既包含着积极参加德育活动、接受教育的强烈主观愿望和意识，又表现为良好的、积极的道德行为，这种主体性是思想和行动的统一体。经过长期的教育历程可以发现，教学过程中往往都是教师为主体、学生为客体，过去的教育就是主体向客体灌输知识，强调教育者的主体作用，学生接受教育学习并听从教师的教诲，担任客体的角色或者是知识的收纳器，我们从未对学生的主体作用予以重视。如今，随着社会发展和时代变迁，竞争愈演愈烈，社会越来越需要全方面发展的人才。我们都知道高校的根本目的在于育人，面对现在的社会，要想我们的学生毕业后都能成为社会栋梁，就要重视德育的培养，将学生放在主体位置，允许并鼓励大学生对所学知识进行独立思考，自由地发表言论和意见，培养学生热爱学习、热爱生活、认真工作的健康心态。因此，激发大学生主体性已成为德育过程的必然要求。

1. 增强学生的主体意识

高度自觉的主体意识对于道德主体来说起着至关重要的作用，主体意识即大学生要意识到自身的主体地位和所拥有的主体能力以及价值，这是德育主体性的前提，更是如何积极主动发挥主体性的内在条件。德育在每个人思想品德的提升、人格的全面发展和完善中都具有重要的地位，这就需要我们积极创新，采用新的方法让学生意识到德育的价值性，只有具备了这个大前提才能够提升学生在德育活动中的主体意识，才能在实践活动中增强学生的主观能动性和自觉性。当然，其中既包含积极参加德育活动对德育知识的强烈的主观愿望，也包括积极的道德行为。在实践中意识到自身的地位和所肩负的责任，帮助大学生正确处理自身与他人，集体和社会之间的关系。使大学生充分认识到自身的主体性，同时要善于发现和尊重他人的主体性，这样更利于我们德育过程主体性的增强。

2. 挖掘学生的主体能力

所谓主体能力即大学生自身所拥有的认识和改造世界的能力，它决定着人们的办事顺序、水平和效率。想要开发大学生的主体能力，就要从根本上解决问题，最主要的还是在知识层面上引导大学生获取新的知识，掌握新的技能，接受并了解新的事物；接受事物的积极影响，从中总结经验，认识自己，了解社会，根据社会需要和自身条件选择发展方向，培养自身的抉择能力；引导大学生正确处理人际关系，团结他人，充分挖掘自身的主体能力且使之得到最大限度的发挥，同时还要注意培养大学生的探索发现和创新能力。

3. 培养学生的主体精神

主体性精神是大学生积极发挥自身主体能力中最重要的内部动力，拥有充足的主体精神可促进学生的发展，主体性精神主要是指学生主动地适应社会并想要改造社会，主动地认识自己、评估自己、了解自己的内心所需所想。培养学生的主体性精神，也就是要培养学生的自立、自强、自尊、自爱等精神；努力拼搏、积极进取的精神；勇于开拓、探索创新的精神；团结友爱、互相帮助、合作的精神；积极投身于社会主义的奉献精神。在高校德育过程中我们要讲究方法，对大学生进行全面具体的培养，帮助大学生形成主体性精神，帮助大学生更好地适应社会，为社会做出更大的贡献。

4. 塑造学生的主体人格

主体人格就是人作为主体时所具有的良好的思想品德，心理素质和行为特征的综合。为成功地塑造大学生的主体人格，一定要引导大学生从入学起就树立良好的世界观、人生观、价值观。我们通过增强大学生的主体意识，形成大学生的主体能力、培养大学生主体性精神到最后塑造出完整的大学生主体人格，就是让学生养成良好的思想品德，树立崇高的理想，使自身不断完善，拥有更多的自信去面对社会。

（三）强化德育过程的层次性

高校德育过程的层次性主要是在这个过程中要根据学生的具体状况、心理素质、知识水平、思想状况等诸多因素对学生实施合理化的教育，因材施教。每个人都有自己的性格特点，人与人之间是存在个体差异和层次性的，这就为高校德育过程提供了一个很好的落脚点和出发点，高校德育过程必须注重层次性，同时还要有针对性,既要符合社会发展的需求,也要符合当前大学生实际的思想水平,并被大学生所接受,这样才能达到理想的效果和预期的目的。按照大学生的实际思想特点和高校德育过程的层次性要求,在高校开展德育工作我们应侧重两个层次的教育:一是在学生中开展公民意识的教育、公正民主的教育,良好的社会,职业、家庭美德的教育,旨在让现在的大学生拥有高水平的文明修养,有社会公德心、责任感、义务感,帮助大学生达到对自己合理的内在控制;二是培养具有崇高道德、创新创业精神的社会专业人才。

第四节 德育体系中的内容要素

高校德育内容是高校德育体系的重要组成部分,是提高大学生思想政治素质的主要依据。因此,科学地界定高校德育内容的含义及其构成要素既是提高德育实效的重要任务之一,也是丰富与完善高校德育工作内容体系的应有之义。

一、德育内容的概念界定

高校德育内容就是指依据高校德育目标,用以传授与教育大学生关于思想政治教育,道德法纪教育、素质教育等方面的理论、观点、知识、准则及培育大学生形成良好道德品质的运作体系。高校德育的核心内容是思想政治教育,它以理想信念教育为核心,以爱国主义教育为重点,以基本道德规范为基础,以大学生全面发展为目标导向,构成德育内容要素之间相互衔接、功能互补,并与德育目标紧密契合的理论知识与实践运作体系。

二、德育内容的构建原则

(一)科学性与人文性相结合的原则

坚持德育内容体系的科学性,就是确保所传授所导引的思想、理念、观点等符合党的路线方针政策。坚持科学性,就是要使德育内容随着时代的发展不断地丰富,内容体系充分体现人的全面发展理论,促进人的全面发展,使德育内容成为适应时代发展进步的体系。

坚持德育内容体系的人文性,就是坚持以人为本,努力培育人文素质与人文精神，关注人的理想追求、价值信念等做人的基本品质和基本态度，在坚持正确的政治方向的同时，以培养良好个性和品德为终极目标。坚持德育内容体系的人文性，就是关注人的全面发展和人性的完善，使德育与社会生活紧密联结，培育并引导学生"学会做人""学会生活"，服务于学生的生活需要、身心发展与价值追求。因此，德育内容体系的人文性，就是通过改善道德生活，提升人的道德精神，促进人的德行发展，实现道德对人生的引导和调节。

（二）社会化与个性化相结合的原则

个人发展和社会发展是辩证的统一。个人的生存和发展离不开社会，但教育离开了促进个体发展的功能，就无从反映和促进社会的发展。高校德育过程是思想品德社会化和社会思想、政治、道德教育个性化的有机统一过程，是有目的的社会思想、政治道德教育和个性化思想品德体验与养成相统一的过程。社会化与个性化具有不可分割的内在联系。个性是个体比较稳定的意识倾向和心理特征的有机整体，都是社会化的结果。高校德育内容的社会化，一是要按照社会发展的需求，尤其是社会对大学生的思想道德品质的要求，不断丰富和完善德育内容；二是凭借全社会的资源和力量，开展改造与发展社会的各类实践活动；三是引导学生走向广阔的社会生活，通过社会调查，参与社会实践，了解国情，了解社会，增加实践感悟，并进而以此为参照进行自我调整、自我设计、自我充实。高校德育内容的个性化，就是以培养具有良好个性全面和谐发展的社会主义接班人为目标，着力于当代人的个性培养。依据个性发展的需要，合理把握个性发展的本质特征，有针对性地设置德育内容，并组织实施思想品德教育。

（三）现实性与导向性相结合的原则

高校德育内容体系构建的现实性，就是在构建德育内容体系时，一是要立足于社会主义国情，从中国特色社会主义现代化建设的实际出发设计德育内容；二是要立足于大学生思想政治道德品质发展的实际，有针对性地设置德育内容；三是立足于现实社会生活环境，根据现实社会生活对当代大学生学习和生活的影响，及时调整思路，充实、丰富德育内容。

高校德育内容体系构建的导向性，就是要坚持做到：第一，把坚定正确的政治方向放到第一位，用正确的思想、观点去认识和分析社会现象，抵御各种不良社会思潮的侵袭；第二，以理想信念为核心，深入进行"三观"教育；第二，坚持以实际问题为中心，及时解决大学生在形成正确世界观、人生观、价值观过程中所出现的新困惑、新难题，扎实推进高校德育内容的改革与创新。

德育内容的设计既应体现现实性，又要体现导向性。坚持现实性，就是保证德育的针对性和实效性；坚持导向性，就是坚持德育的方向性和社会主义高校德育的本质特色，两者相辅相成，不可或缺。

三、德育内容的创新方法

（一）德育内容创新的条件

在新的时期，高校德育环境以及受教育者自身都在发生较大的变化，这种变化既为高校德育内容创新提出了新的要求，也为高校德育内容创新提供了前提条件。

1. 德育环境的变化

在新的历史时期，经济全球化、信息网络化引起了人们行为习惯、思维方式和价值观念的重大变化，各种矛盾互相交织，各种思潮相互碰撞，社会意识多样化，价值观念多元化，道德取向多边化，复杂的社会环境在给高校德育内容创新带来新机遇的同时，也带来了前所未有的挑战。

从经济全球化角度看，经济全球化一方面促进了世界各国的经济、政治、文化的交流；另一方面，也给全球各方面发展带来了新的障碍。伴随着经济要素在全球的流动，各种信息和观念也快速地传播到世界各地。大学生在积极吸纳进步的新思想、新观念的过程中，也受到了不良的文化思潮和价值观的影响。面对社会开放和价值多元的现实，面对诸多的文化冲突与道德困惑，高校必须要改革德育内容，加强爱国主义、集体主义、社会主义以及正确的人生观、价值观教育，帮助学生解决道德困惑，树立正确的道德认知，使大学生在不断增强民族自信心、自尊心和自豪感的同时，提高国际意识与走向世界的素质。

从信息网络化角度看，随着科学技术的进步，尤其是信息技术的飞速发展以及网络时代的到来，人们的思想观念、价值标准以及生活态度发生了较大的变化。大学生群体是网络的最重要的受众主体之一，变化莫测的信息网络传播手段，使大学生接受各种思想文化影响的途径比以往更快更宽。新科技及数字化网络信息在培养学生吸收新知识、提升科学精神、民主观念、法治意识、效率意识、创新品格等方面有助于学生形成优良的品德。但网络又是一把"双刃剑"，其负面影响也很多，受不良信息的影响，部分大学生中出现迷恋网络等负面现象。为了引导大学生树立正确的世界观、人生观、价值观，培养其良好的道德品质，需要针对信息网络时代德育教育中的新问题，对高校德育内容进行新的时代建构。

从中国社会转型角度看，改革开放 40 多年以来，中国社会迅速实现了由计划经济向市场经济的转轨，加快完善了社会主义市场经济体制，经济发展方式实现了新的转变，中国已经步入了新型的社会主义现代化建设的快车道。中国社会的巨大变革，引发中国道德观念出现历史性变化，注重民主、文明、和谐、平等、公正、爱国、敬业、诚信、友善、讲究效率、开拓进取等观念，逐渐成为当代大学生思想道德观念的主流。但是，由于市场经济所具有的功利性和竞争性，个人主义、实用主义等价值观念影响着人们的心灵。这些不良的、错误的观念影响着大学校园，并在一定范围内造成了大学生道德价值的混乱及理想信念的迷茫。因此，无论是从应对国际竞争与挑战、增强民族凝聚力及国家竞争力角度，抑或是从培养德智体美全面发展的社会主义合格建设者和可靠接班人的角度，都必须对以往开放性不强的德育内容进行新的时代建构。

2. 德育教育对象的变化

随着中国社会经济的发展及中国高等教育改革的深入，高校德育对象发生了新的变化。

（1）大学生的政治思想发生了新的变化，其思想和政治态度与中国社会政治的发展水平和发展趋势相契合，具有明显的时代特征。社会政治稳定需要大学生具备特定的政治素质，良好的大学生政治思想素质是中国特色社会主义政治文明建设的重要基础。大学生的爱国主义情结体现为对中华民族伟大复兴的赞同，对社会主义道路、对国家政治体制的理解与认同。大学生普遍具有较强的社会责任感和使命感，具有积极参加和努力为社会做出贡献的现代公民的基本品格。

（2）大学生的生活态度、心理状况、接受能力欣赏水平发生了新的变化。大学生普遍具有开放的生活态度与亲社会倾向。绝大多数学生愿意与同学交换意见和相互帮助，乐于接纳他人，希望和大家交朋友，能够积极参加各类公益性社团，积极参加社会调查和社会服务。由于当代大学生求知欲的强烈和信息获取途径的多样化，学生思想活动的独立性、选择性、多变性和差异性明显增强。

（二）德育内容创新的重点

德育内容是实施德育的基本内涵，其丰富、科学、系统与否，都直接影响着德育目标的实现和德育的应有效果。德育的性质和特点决定了德育内容必须随着社会政治经济的发展、教育对象的思想品德发展规律以及德育目标的变化而不断充实、调整。当今社会科学技术的不断创新，经济社会的不断发展，对高校的发展提出了新的全面的要求。而德育环境的变化，德育对象的发展变化，客观上也要求德育内容要与时俱进、不断创新、贴近现实生活，贴近学生实际，以适应社会发展的需要。为使德育内容适应实际发展的需要，德育教育取得更好的效果，必须对德育内容进行不断的创新、充实、完善。

1. 思想政治教育内容创新

思想政治教育内容体现着社会主义大学的本质特征，是党的教育方针的具体体现，是引导大学生坚定对社会主义的信念，增强对改革开放和现代化建设的信心，对党和政府的信任的重要依据。世界多极化和经济全球化的发展趋势，错综复杂的国际局势，各种思想文化相互融合碰撞的情势，当代大学生求知成才的渴望与需求，既是思想政治教育内容创新的前提，也构成了思想政治教育内容创新的动力。实施思想政治教育内容创新是扎实推进社会主义核心价值观，弘扬优秀中华民族传统文化和先进的思想文化，提高思想政治教育质量的迫切需要。

（1）结合民族传统、时代特点与社会生活实际，构筑创新性内容体系。要按照思想政治教育的新目标，挖掘为大学生所认同和接受的反映思想品格、价值取向和道德规范的中华优秀传统文化教育内容，体现以爱国主义为核心的民族精神的教育内容和以改革创新为核心的时代精神方面的教育内容，以弘扬爱国主义，增强民族文化自信和价值观自信。通过选择以"实事求是""与时俱进""以人为本"为主题的系列教育内容，旗帜鲜明地坚持道路自信、理论自信、制度自信和文化自信，凸显时代精神走向，反映中国社会最新精神气质，引导大学生自觉承担起建设中国的历史重任。

（2）依据社会主义政治文明建设需要，不断拓展政治思想理论教育内容。高校德育要根据依法治国，建设法治国家的需要，丰富关于法治建设、法治意识、法律意识培养方面的内容，引导大学生认清中国社会发展的政治理想目标，民主与法治建设要求，培育大学生的经济正义，社会正义精神，增强公民意识，法治意识，法律意识。要关注政治理论建设，创新政治教育内容，引导大学生开阔政治视野，提高政治文明、生态文明素养，进而培养具有高度社会责任感和自觉性的国家公民。

2. 道德教育内容创新

中国高校道德教育内容的创新，要按照道德教育的新目标和大学生思想道德素质发展的规律，把发扬中华民族优秀道德传统同借鉴当代世界先进文明成果结合起来，把社会经济变革与吸纳新鲜的思想道德养料结合起来，把研究大学生的现实生活与关注大学生的个性发展结合起来，形成具有浓郁的中华民族特色，体现时代精神与社会进步、贴近受教育者实际的生活化、创新性的道德教育内容体系。

（1）发挥中华民族道德传统的当代价值，努力实现中华民族道德传统的批判继承和创造性转化，借鉴吸收世界先进文明的成果，并实现中国化的改造。中华民族有许多优秀的道德传统，如"以人为本"的思想观念，"刚健有为，自强不息"的进取精神，"诚实守信""勤俭廉政"的道德品质，"见利思义""先义后利"的价值取向，等等。中国近代以来，在社会变革与进步中形成的新思想、新道德，如振兴中华、弘扬民主、尊重独立人格、追求个性解放，等等。它们构成了现代德育内容的重要来源。在继承中华民族优秀道德传统的同时，应十分注意结合民族传统和时代特点，吸纳世界道德文明成果，实现道德教育内容的自我更新和发展。

（2）贴近学生生活实际，贴近学生的个性发展方式，构建生活化道德教育内容体系。中国高校道德教育要贴近、关注大学生的个体生命和现实生活，把体现社会要求的思想观念，道德规范与人们的日常生活密切联系起来，提高学生对社会现实问题的批判分析能力，构建学生独立的人格和道德主体。高校道德教育内容要深深扎根于学生现实生活的土壤中，就必须打破传统的"课程"的限制，冲破班级式、课堂式的道德教育模式束缚，将道德教育内容与学生的日常生活、学习生活、交往生活、集体生活相联结，关注学生个性发展的旅途，重视个体的生活体验，在鲜活具体的"道德事件"分析理解中，教会学生"做人"，催生学生的道德智慧，真正发挥道德教育对人生的肯定、调节、提升功能。

另外，道德教育要实现对学生的心灵成长和内在精神性发展的关注，就要尽

第二章 德育体系的核心要素

力避免过于知识化、功利化、理想化的与学生生活世界脱节的道德教育，了解学生的生活实际，学习实际、独特的需求、矛盾与困惑，在把握道德与生活的关系中，增强学生对道德实践的感悟，实现对人生意义的引导。

（3）增强高校道德教育内容的创新性。教育不仅是文明的传递，也应是一项道德事业，更应是一种引导人完善自我，走出自我，走出个体，适应社会发展的活动。因此，道德教育内容的构建不仅要关注有一个基础性的相对稳定的系统，更要关注道德教育内容体系的开放性。道德教育内容要向时代和生活开放，应不断从经济社会变革及文化创新中吸纳新鲜的思想道德养料，着力培养与发展社会主义市场经济相适应的新的道德观念，引导学生正确认识和处理竞争与合作、效率与公平、自律与他律、个人价值与社会价值等关系，引进人们生活中所遇到的思想道德上的新挑战、新矛盾、新问题和新热点，努力使道德教育内容保持在常变常新状态之中，使教育者和受教育者的个性得以张扬和不断创生，思想道德批判和创新能力得到发展，实现道德教育内容的不断创新。

3. 法纪教育内容创新

我国经济社会迅猛发展的新形势及不断加快的我国民主法治建设进程对大学生法纪教育提出了新的要求，高校法纪教育的实践急切地呼唤法纪教育内容的创新。实施法纪教育，是提高大学生法律素质，培养大学生法律意识，塑造大学生法律人格的教育，也是把大学生培养成现代法治社会所需要的公民的教育。大学生法纪教育内容创新，既要包含社会生活规范方面的内容，诸如法律常识、纪律、规则、制度等，也应包含公民意识、民主意识、法治意识、纪律意识教育，还应涵盖法律情感的陶冶和法律行为习惯的培养。应不断补充、更新与完善法纪教育内容，将懂法、守法、用法、护法及维权案例融入教育内容，提升大学生的法律素质，培养并塑造具有较高法律素养自觉遵纪守法的国家公民。应当注意的是，高校法纪教育不仅要关注外在的规范要求与法纪要求，更应关注法纪意识的内化及自身良好法纪习惯的养成。

4. 心理教育内容创新

高校心理教育要适应当代社会发展的要求，满足当代大学生心理发展的实际需要，就要深入研究网络、学科教学、学习与生活环境等影响大学生心理健康发展的因素，以自尊、自爱、自律、自强为重要内容，注重人文关怀和心理疏导，通过有效的审美感受和审美体验,促进大学生热爱生活,感悟人生,形成良好的个性心理品质。心理教育应包括:积极的学习态度、终身的学习愿望、科学的思维方法、敏锐的创新意识、乐观的情绪倾向、健康的审美情趣、坚强的意志品质、进取的人生理想、健全的个性结构等。因此,要实现心理教育内容的有效创新,就必须结合大学生个性发展的实际,依据心理发展需求,不断拓宽心理教育内容,挖掘人性中本应存在的美与善、情与爱、精神与灵性、超越与创造等优秀品质,发挥其内在的主体愿望、独立意识与独立潜能,引导学生理解并感悟生活、生命、生长的价值,培养并塑造科学素质和心理素质全面发展的优秀人才。

第三章 互联网+时代下的德育创新

互联网+不仅覆盖了人们的生活，同样也影响着教育工作的开展，给高校德育教育带来了全新的机遇。在德育工作中，利用好互联网+技术可以优化课堂教学，提高教学效率，培养学生良好的德育素养。教师应该以互联网+时代为背景结合高校德育工作，探索符合高校学生的学习方法，提高高校德育水平。基于此，本章主要探讨互联网+时代对德育的主要影响、互联网+时代下德育发展的思路、互联网+时代下德育的创新方法、互联网+时代下德育实践。

第一节 互联网+时代对德育的主要影响

高校德育实践始终是做人的工作，最突出的是针对人的理想信念、道德品质的教育工作。随着社会的发展和时代的变迁，不同的历史阶段有着不同的社会外部环境，社会成员的自身特点和精神面貌也不尽相同，高校德育工作也有着不同的特征和使命。高校德育实践的创新发展必须彰显时代性，充分把握德育工作的新内容、新规律和新方法，针对高校学生的新特点，重点解决德育实践难题，抓住时代的新优势创造性地发展德育实践活动，引领时代发展的潮流。

一、把握时代的规律性

互联网+时代的高速发展不仅推进了社会的快速发展，而且颠覆性地改变了人们的生产和生活方式，高校德育实践恰恰是做人的教育和引导的工作，德育实践活动从来都是强调学生的主体性地位，对学生自身特点和发展规律的把握，从根本上决定着德育实践工作的成功与否。互联网的革新推动社会经济纵深发展，伴随而来的是为学生更具独立性和多元化的生活方式提供了土壤和现实条件，高校德育的发展必须始终紧跟时代的步伐，密切关注新的时代背景下学生的发展变化，洞察和把握学生的学习、生活、工作和思维等方面的新变化和新规律。特别是在互联网＋时代的信息技术和新媒体技术空前发达的环境下，教育者与受教育者对教育资源的获取渠道日渐统一，师生的话语地位、主客体身份以及对教育资源的占有格局日渐对等，教育资源的形态日新月异。高校德育发展只有准确把握了这些新规律和新变化，才能够找到符合时代要求的方法和路径，不断增强德育工作的科学性和有效性。

二、注重时代的针对性

通过对互联网＋时代高校德育发展历程进行梳理可以发现，高校德育的发展是具有鲜明的时代特征的，归根到底是因为高校德育在每个历史发展时期都有着不同的时代难题。

高校德育的创新发展必须有针对性地解答德育工作所面临的这些时代难题，这是高校德育发展的现实性问题，也是重点的课题。高校德育发展必须在把握时代发展的新变化和新规律的基础上，根据德育主体、德育内容、德育载体和德育模式等德育实践体系所面临的难点和难题，有针对性地进行符合时代要求的优化与创新，以满足时代的发展需求。例如，随着互联网＋时代的发展，德育实践的路径不断变化，高校德育实践创新就应该围绕新的实践环境，不断拓展德育实践新路径；互联网环境的虚拟性和隐匿性容易使学生产生诚信缺失、自律性和责任感不强等问题，高校德育实践创新发展应该重点研究培养学生的责任感、诚信等道德品质，不断提高学生的道德认知能力等；互联网的开放性和多元化容易让学生出现信念不坚定、文化不自信等问题，高校德育实践创新发展应该有针对性地着重加强网络监控体系建设和主流引领阵地建设。

总而言之，在互联网发展的过程中找准并解决高校德育工作中的新问题和新痛点，是提高高校德育实效性的关键。

三、富有时代的创造性

尽管互联网进入我国的时间相对较晚，但凭借我国国民经济与政府体制的改革成果驱动，互联网在我国的发展已经显露出巨大的潜力。纵观互联网在我国的发展历史，可以看到我国社会的各个行业、领域和生活的方方面面逐步打上了深深的互联网烙印，这已成为我国社会发展的时代潮流和趋势，各个行业和领域都已经充分正视了这一潮流和趋势，开始不断探索和研究，试图找到新的驱动力和增长点。

高等学府作为国家高层次人才培养和科学研究的主阵地，更应该站在时代潮流的最前列，富有创造性和创新性地找到引领时代潮流的发展机遇，不断提升人才培养质量，为中国梦的实现做出贡献。在互联网视域下高校德育实践的发展历程中，德育工作不断"因事而化、因时而进、因势而新"地创新发展，既保持了德育实践的实效性，也对高校德育发展给出了启示。高校德育发展始终要明确自身使命感，站在引领时代发展潮流的最前列，勇于尝试和接受互联网发展带来的各种新思维和新技术，善于从中找到可以与高校德育活动相融合的切入点，不断提高德育与时代发展的契合度，积极开展德育创新研究，使互联网的发展对高校德育创新发展有更好的作用，这样才能充分体现高校德育发展的智慧，让高校德育在社会快速发展和变迁的时代，永葆其创新性和创造性。

第二节　互联网+时代下德育发展的思路

"在高校德育实践创新的具体构思和研究过程中，必须先确立主导思想和条理脉络，即主要研究思路和框架。"[1]教育领域应该增强加快教育信息化的紧迫感，把握好互联网+时代给教育带来的机遇，解放思想、与时俱进，以互联网思维不断提升教育质量。

一、思维塑造利于德育主体素养的提升

德育主体在德育过程中发挥着极其重要的作用，德育主体的素养直接影响着德育实践的效果，因此，高校德育创新应以德育主体素养的提升为关键。当前互联网已经渗透于人们生活的方方面面，并深刻地改变着社会的生活、学习和交流方式。创新从来都不是一个新的概念，它是由社会发展而引起的必然行动，

---

[1] 李习."互联网+"时代高校德育实践创新研究[M].武汉：华中师范大学出版社，2019：105.

高校德育实践创新是互联网＋时代的必然要求。德育主体素养一般包括道德素养、专业素养和能力素养，处于互联网＋时代的高校德育主体，在思维和能力上都必须紧跟社会发展的脚步，不断提升自身综合素养，使高校德育工作符合时代的要求，从而彰显德育实践的成果，所以，德育主体素养的提升是高校德育实践创新的关键。

（一）塑造互联网＋思维

思维是人类所具有的高级认识活动。按照信息论的观点，思维是对新输入信息与脑内储存知识经验进行一系列复杂的心智操作的过程。换言之，思维就是思考、思索，是人们为了完成一项任务大脑所进行的活动，人们的思维方式不同，会导致对相同问题的思考所得出的结论也不同，可见思维方式对于思考和解决问题是至关重要的，正确的思维方式可以帮助人们迅速地接近事实的真相。

思维包括智力、知识和才能三个基本要素，因此，思维其实是一种能力，是先天与后天结合的能力，是学习与实践结合的能力。互联网思维，就是在互联网不断发展的背景下，对市场、用户、产品、企业价值链乃至对整个商业生态进行重新审视的思考方式，互联网＋时代的高校德育主体只有运用互联网思维进行思考和解决问题，熟悉互联网的特性、提高互联网使用能力，才能够充分体验和分享这个时代的便利和优势。

1. 德育主体要熟知互联网＋的特性

互联网＋时代一切行业的行为方式都发生了变化，熟悉互联网的新特性，对于准确把握行为规律、得到满意的行为结果有决定性的作用和意义。作为德育主体的教师和学生都必须明白互联网＋时代的教育面貌已经发生很大的变化：互联网的信息传递和获取比传统方式快了很多，内容丰富了很多，德育资源配置的优势尽显无遗；互联网让人们表达、表现自己成为可能，每个人都有表达自己的愿望，都有参与到一件事情创建过程中的愿望，德育过程中对师生相互尊重和参与互动有更高的要求；互联网让数据的搜集和获取更加便捷，并且随着大数据时代的到来，数据分析预测对于提升用户体验有着非常重要的价值，德育过程中的对象体验分析同样可以利用数据分析来提高准确性。德育主体必须熟知诸如此类的互联网特性给高校德育实践带来的变化，并且转变传统的思维方式，用全新的视角和方式来对待德育实践，方能在新的环境和条件下争取主动。

第三章 互联网+时代下的德育创新

2. 德育主体要具有互联网+的意识

高校师生从来都是思维最活跃的群体，容易接受新事物和新思想，接受能力也非常出众。当前互联网+时代的大潮滚滚而来，无数的新事物、新思想、新理念充斥着人们生活的每个角落，在高校各种各样的教育思潮下，全新的教学方式、手段迅速替代着原有的内容。特别是在互联网+时代，通过互联网来实现教育资源的共享，教学手段的提升，在以往看来不可能的教育形态现在正在一一实现，在这种背景下，高校德育主体必须快速接受和具备互联网的意识，与时俱进，尤其是要交流当下的互联网使用的知识；德育主体更要有学以致用的意识，把互联网的新知识、新内容与高校德育更好地联系起来，不断更新和掌握互联网的知识，发挥互联网的作用，才能紧跟时代的要求，适应新形势下的高校德育实践工作。

3. 德育主体要具备互联网+的能力

德育主体具备了互联网意识只是德育实践创新发展的第一步，互联网能力的具备才是核心竞争力。在互联网的背景下，互联网的科学技术如何与德育过程深度融合成为高校德育实现的一个核心命题。德育主体能够将互联网技术灵活地融入德育实践中，不仅能够充分地适应互联网+时代的主客体特征，而且能够让德育过程呈现脱胎换骨的面貌，极大地提升德育的亲和力。

德育主体需要掌握的互联网能力包括：能够独立制作和使用各种多媒体工具，利用生动的现代化教育手段，使学生能够更加容易地掌握复杂的知识；要熟练掌握信息化的德育手段和交流方式，通过新媒体的方式建立受学生欢迎的教育和交流途径；不断加强互联网知识的学习，互联网知识是更新极快的，学习不是一蹴而就的，它是一个系统的工程，同时又是一个不断更新的过程，对于内容德育主体要学会分辨和筛选。在这个大背景下，德育主体只有不断地提高自身的互联网素质，应对互联网大潮对高等教育的冲击，紧跟互联网的发展和变化，才能真正抓住互联网+时代的大好形势，克服高校德育实践在互联网高速发展中的各种不适，把互联网的优势发挥得淋漓尽致。

（二）培养创新思维能力

德育主体创新能力的培养能否落实，是高校德育实践创新成功与否的关键所在。创新能力是在各种实践活动领域中不断提供具有经济价值、社会价值、生态价值的新思想、新理论、新方法和新发明的能力。具有创新能力的群体或个体能够运用新颖、独创的方法解决现实中的问题，他们通常是突破常规思维的框架界限，以新的视角和方法去思考问题，提出与众不同的解决方案，从而产生新颖的、独到的、有社会意义的实践成果。创新的展开与实现，都是以创新主体特有的能力为基础和条件的，是主体的创新能力的产物。德育主体的创新能力是高校德育工作者进行创新活动的能力，是开展德育实践活动中产生新想法、实施新举措的能力。高校德育实践创新的过程中必须培养德育工作者运用已有的基础知识和可以利用的资源，联系相关学科的前沿知识，创造新颖的、独特的、有价值的思想、观点和方法的能力。培养德育主体创新能力要注重培养以下素质。

第一，培养自信健康的心理素质。自信健康的心理素质能让德育工作者保持良好的适应能力，并以积极的心态面对纷繁复杂的工作，始终坚持自己工作的方向，面对困难挫折仍然努力不懈；拥有自信健康的心理素质能让德育工作者敢于正视工作中的问题，接受现实并勇于承担责任，找到工作的乐趣；自信健康的心理素质也会让德育工作者善于发现自己的不足，乐于找到他人的长处，善于学习、不断进步才能让工作有更大的收获。

第二，培养好奇求变的思考习惯。心理学认为，好奇心是个体遇到新奇事物或处在新的外界条件下所产生的注意、操作、提问的心理倾向。求变的习惯让人们不墨守成规，凡事都以新的视角去重新思考，那么会得到不一样的结果。好奇求变的思考习惯会让人们对某一事物感到疑惑，进而深入地进行思考，以求厘清事情的原委，这种思考和行为习惯往往被认为是创新的前奏，是产生创新的起点动机和驱动力。培养德育工作者好奇求变的思考习惯，不仅能够激发其学习的内在动机，以强烈的求知与求学的欲望去寻求知识，同时也是德育主体创新意识和创新基本素质提升的体现。

第三，培养目标意识和实践能力。所谓目标，就是要达到的目的、标准或境界，目标意识是指人在言语、行动时及其过程中有意识地达到的目的或标准，做任何一件事时，都应该达到一种目的，或者形成一种标准。实践是创新的最基本途径，是检验创新能力水平和创新活动成果的尺度标准，实践能力就是把自己的创新思考和想法通过实践去实现的能力。高校德育实践创新中必须制定合理的目标，每一步创新过程必须是在一定的方向和目的的指引下开始的，创新目标的确定使德育过程始终对目标实现保持较高的期待，从而产生克服各种困难的坚强意志，通过大量的创新实践活动，向目的地不断前进。

二、信息技术驱动德育实践体系的优化

互联网＋时代是新一代互联网信息技术飞速发展的产物，是基于各种革命性科学技术的积累和创新的成果，互联网＋时代以去中心化、平台化、用户需求导向的特征宣告了新的信息获取和传播方式的到来。互联网＋时代给教育、高等教育、高校德育所带来的技术和方式上的变化，并由此产生的理念上的变化已经是势不可当的。基于互联网＋时代的高校德育研究，互联网新一代的核心技术成果是其创新研究的切入点，准确把握和利用好新兴的互联网技术的特性，结合高校德育实践的具体特点和需求，使互联网新一代的核心技术成果在高校德育实践中成功落地，是高校德育实践创新研究重点要解决的课题。以互联网技术驱动来优化高校德育实践应该从以下三个方面着手。

（一）优化德育资源

互联网＋时代对教育资源的影响尤为深刻，随着互联网技术的飞跃发展，在线学习、微课程、慕课、泛在课堂、翻转课堂等各种新生的教育资源和教育形式层出不穷，互联网让教育资源打破了传统的壁垒，变得更加多元和开放，这也使得高校德育能够通过互联网获得更加丰富和充实的教育资源。互联网技术为教育资源的丰富创造了无限可能，高校德育实践创新要抓住这一技术红利，在德育资源的内容延展和质量提升上下功夫，方能最大化地将互联网技术的优势运用在德育资源的优化上。

1. 注重德育资源的内容延展

对于教育资源的内容延展，互联网技术体系最大的优势在于它能够突破时间和空间的限制。互联网＋时代为人们以技术驱动引领教育资源延展为核心，大量集成和整合各种教育资源提供了强大的理念和技术支持，也为教育资源的内容延展带来了前所未有的契机。高校德育实践在德育资源和内容上的创新发展，需要充分挖掘和运用互联网技术的优势，以德育课程资源的内容再造为重点，探索构建互联网德育资源库，打破时空的限制，让德育内容无限延展到大学生的学习、生活和娱乐的每一个角落，学生随时随地都可以按需获取德育内容。

2. 注重德育资源的质量提升

随着互联网信息技术的发展，网络上各种各样的教育媒体、教育机构和教育平台应运而生，人们不仅已经开始习惯这种网络学习方式，同时，这些互联网学

习资源表现出与众不同的一面。与传统教育资源相比，这些教育资源显得更加生动有趣，更加能够体现现代科技感，在符合学生需求的同时，也更加能够深深地吸引学生，发挥出众的教育功能。随着互联网云技术、大数据的发展，诸如微课程、泛在课堂、慕课、虚拟课堂等各式新鲜的教学资源正在逐步发展壮大。在开放的大背景下，全世界的优质教育资源不断地充实和丰富着课堂，这些教育资源通过互联网连接在一起，使得人们可以畅游在知识的海洋。社会、经济、文化、生活等各个领域的最新知识，都能够快速刷新至课堂之上，这将彻底改变传统教育资源内容陈旧的现状。德育资源的质量提升是高校德育实践创新要积极面对的难题，互联网信息技术的革命性成果让这些难题迎刃而解，高校德育实践的创新必须将互联网技术自然渗透到德育内容之中。

同时，增加德育资源的吸引力是质量提升的关键，高校德育实践创新应发挥技术驱动的支撑作用，如利用图像采集、数字虚拟、视频动画、社交网络等技术，构建更生动、更直观的德育内容。此外，以大数据和人工智能为核心技术的新一代互联网，使每个人都成为网络社会中的一个独立的信息源。学生不仅仅是教育资源的接受者，同样也是教育内容的生产者，高校德育资源的构建应充分融入学生的参与和智慧，这将使德育内容更加人性化且具有亲和力。

（二）重构德育关系

互联网+时代，不仅是教育内容的生产和传播的方式发生了巨大的变化，受教育者的知识、信息获取方式和学习方式也发生着变化。由此致使教育过程也改变了原有的面貌，以教师为中心的传统教授模式中，教师的中心地位正在逐渐减弱，教师在教育过程中的权威地位不那么明显了，教师也不再是教育内容的唯一来源，因此，可以说互联网+时代受教育者对教师和课堂的依赖性将明显减弱。互联网+时代的高校德育实践创新必须清晰洞察、重新梳理德育过程中的师生关系和德育方式，方能让德育实践创新在师生和谐中形成合力、产生实效。

1. 师生关系的重组要注重"对称交流"

所谓"对称交流"就是指师生的平等关系和获取信息的对称性。"互联网+教育"打破了教育系统中原有的各种关系结构，并对其进行优化重组，使教师与学生的关系、教育单位与学习个体的关系发生了根本变化。在互联网的环境中，知识和信息的获得变得更加自由和便捷，不管是教师还是学生都能够根据自己的需要方便地找到学习内容,故而学生对教师的依赖性逐渐减小,或者说教师不再是学生获取知识的主要渠道。

师生关系的传统内涵被打破,在现实中的师生关系,到了网络上,可能成为同在学习某项新鲜知识的同学关系,现实世界与虚拟世界界限变得模糊。这时,教师的身份和作用可能就从教育过程的主导者变成了学生学习的辅助者和服务者,教育过程从灌输式转变成互动式。高校德育实践创新就是要对师生关系进行重组,建立与互联网+时代相适应的师生关系,着力发挥和增强教师在信息化条件下对学生的个性化学习需求的辅导功能,让教师具有足够的互联网能力,让学生拥有足够的选择权利,在德育过程中实现德育主客体的对称交流。

2. 学习方式的重建要注重"学监并重"

"学监并重"强调的是学生自主学习的地位与教师监管指导的地位同等重要。随着教育现代化的飞速发展,多元化、实时化、碎片化、个性化的互联网新形态,无限放大了受教育者的主体地位,而更加自由和便利地获取各种知识信息,也使受教育者能够自主制定学习目标和计划、安排学习进度、选择学习时间和地点等,他们的自主性、个性化和能动性将得到充分的发挥。

高校德育实践创新要明确学生学习习惯的特点是互联网+时代的特点决定的,学习方式的改变既然不可逆,就要顺应这种改变找到新的合理的德育学习方式。一方面,要尊重学习者新的学习方式和习惯,利用互联网信息技术为学生创造更便利的学习条件,充分满足学生在网络上的学习需求,并将之作为学生课后自学的补充;另一方面,要构建互联网学习和现实教育的良性互补关系,发挥德育教师的经验优势,在现实教学中不仅帮助学生对互联网海量的教学资源进行筛选、过滤和把关,把握德育内容的健康性,监督指导学生的学习进度,而且要对学生互联网学习中解决不了的问题给予解答,进一步提高学生学习的针对性和目的性。高校德育实践在这种新的德育学习方式的推动下,将更加体现对差异的尊重,也将从整体上促进德育质量的提升。

(三)提升德育实效

德育实效,是德育主体按照德育计划,通过一定的德育途径和手段,完成德育目标的程度,概括而言就是对德育工作的效果和效率的考量。高校德育实效的基本内涵,是高校德育在一定德育计划的指引下,通过德育过程来实现德育效益、德育效果和德育效率的统一。德育的实效性是高校德育工作价值的出发点和归宿，也真实反映了高校德育实践工作的成败，所以，德育工作的实效性，一直是学校乃至社会都非常重视的一个话题。促进高校德育实践效果提升的途径和方式很多，包括政策上的、机制上的、手段上的等，而在互联网＋时代背景下，高校德育实践创新研究的重点是如何以信息技术为驱动来提升德育的实效性。

1. 加强德育实效的可能性

提升德育实效就必须回归到德育实践的本身，洞悉德育实效得以实现的基本规律，找到提高德育实效的着力点，解决制约德育实效的障碍和问题。影响德育实效达成的是德育过程中包括德育工作者、学生、德育内容及环境等在内的基本要素，不断加强这些基本要素的素质提升和质量建设，德育工作自然会达到理想的德育实效。换言之，就是要努力确保德育过程的高质量完成，才能保证德育实效的实现。那么，互联网＋时代就要求高校德育实践从德育过程中的基本要素出发，把握互联网＋时代德育实践各个基本要素和德育环节的特性，通过信息技术手段的创新，落实德育过程中各要素的质量提升，保证德育环节的圆满完成，从而提高高校德育的实效性。

2. 推进德育过程的科学化

德育实效性的提升与否是德育目标达成与否的关键指标，德育过程的每个环节都是德育实效性得以实现的保障。互联网＋时代科学技术的飞速发展，为人们带来了与以往大为不同的技术优势。互联网＋时代的信息技术对德育过程具有极大的应用前景，在信息技术的协助和驱动下，德育实践的过程会更加科学地被掌控，将严格地遵循德育计划，按照德育的目标取得满意的德育效果。

3. 关注德育评价的可靠性

德育评价贯穿于德育实践的每一个环节，德育实践需要通过德育评价，来分析其德育过程是否合理，评判德育效果是否满意，从而判断德育目标是否实现，因此，德育评价的功能对德育实践的不断完善和发展具有重要的意义。互联网＋时代，大数据分析的结果是最客观的现实反映。德育实践可以充分利用大数据带来的技术优势，在德育过程中对德育内容教授各环节的指标进行测评和反馈，更加有效地指导德育过程的调整及优化，促进德育实效的提升。同时，德育实践要利用可靠的德育评价系统，准确地把握个体的德育接受特性，根据反馈的结果制定有针对性的、个性化的德育目标和计划，形成差别化德育的生态系统，最大限度地保证德育的实效。

第三节　互联网+时代下德育的创新方法

一、更新教师的观念和方法

高校应培养专门的德育教师队伍，将德才兼备的教师引进来。"为提升德育课堂的教学质量，德育教师应认真备课，不断更新知识，使授课内容尽量包含较多的原创性和思想性；对社会热点和大学生关心的问题及时从德育的角度进行分析并合理回应；在重大热点事件发生后的第一时间，以社会主义德育思想引导大学生进行分析和判断。"[1]同时，要结合视频、图片等手段，利用慕课、教学实验系统等互联网技术，提升大学生课堂学习的参与度和积极性，激发大学生对道德行为情景的想象和分析。在课堂之外，德育教师应利用微信群、腾讯QQ群、微博、公众号等平台，对学生的疑问进行解答，与学生进行有效交流，关注他们的兴趣点、疑惑，并根据他们的心理特点和思维习惯，不断调整德育教学的内容，提升德育教学实效。只有这样，才能在互联网+环境下占领大学生德育阵地的有利位置，从而为达到德育目标做好准备工作。

二、加强互联网+内容建设

德育教师要用科学的传播手段，使中国特色社会主义、中国梦、爱国主义、集体主义、社会主义等内容占据网络主阵地，还应从中国传统文化中吸取有益养分，让中国传统文化展现出永久魅力和时代风采。

德育工作要求在互联网信息传播中体现对社会主义核心价值观的自信，在内容和观念方面对资产阶级自由化观念带来的挑战和怀疑进行有力回应，让大学生相信社会主义建设事业是为人民群众谋利益和福祉的，具有社会主义民主、社会主义自由的新形式和特色。

此外，高校要加强互联网内容建设，建立网络综合治理体系，清理网络上的

---

[1]冠杪."互联网+"时代高校德育实践挑战与应对[J].教育评论，2020(1)：114.

不良信息，避免大学生成为互联网违法犯罪案件的受害者，使他们的人身安全、财产安全在新的互联网环境下得到适当保护，为大学生认同德育观念和价值提供基础和前提。

三、推进社会主义法治建设

大学生处在社会之中，整体社会环境的好坏直接影响他们的德育实践效果，爱国主义、集体主义、理想信念等教育都会受到国家整体法治水平、道德水平的影响。高校德育工作要取得实效，需要社会法治建设和道德水准的不断提升。因此，我国应在制度建设和执法方面进行提升，构造整体上公正的社会制度，使守法者、遵守道德规范者得到荣誉、奖赏，受到他人和社会的尊重，形成正向激励的社会环境，促使大学生选择守法、符合道德规范的行为。

四、构建志愿服务与公益活动机制

志愿服务制度化要求高校有组织地开展德育实践活动，设立供大学生参加的志愿服务项目、公益活动。志愿服务活动和公益活动应该包括志愿去贫困山区支教、救助弱势群体、志愿从事环境保护、治理污染、保护濒危动物、参加公益服务等。在积极从事这类活动的过程中，大学生能对德性行为进行真切的体悟，能真正理解道德行为包含的价值、所要克服的困难以及对自己的人生和公众产生的意义。在各种志愿服务和公益活动中，大学生会自然而然地产生社会责任意识、奉献意识等，从而使高校德育工作真正取得实效。

互联网＋时代给高校德育工作带来了机遇和挑战，德育工作应该与时俱进，针对新形势下德育的工作特点，正视德育工作面临的问题，并及时采取有效措施，从德育教师、德育内容、德育手段、德育环境、德育制度等方面提升高校德育工作的实效，确保实现思想道德建设任务目标和社会主义精神文明、文化建设的宏伟目标。

第四节　互联网＋时代下德育实践的创新

互联网＋时代高校德育实践的发展与创新不仅是时代的要求，也是顺应高校互联网民意、保持互联网秩序和维护网民利益的内在需求,更是"实施网络强国战略,让成果惠及全民"的战略要求。互联网+时代高校德育实践的创新,就是要秉承"互联网+"的思维和理念,充分借助于互联网+时代信息技术的优势,改进高校德育实践的方式和方法,以保持高校德育理念的先进性、德育实践的有效性和德育过程的科学性,推动高校德育实践过程中各个环节的全面优化。

一、通过塑造互联网+思维保持德育理念先进性

当前,互联网逐步深入融合到经济发展、社会管理、人们生活的每一个角落,高校所面临的社会环境和高校内部的治理结构发生了巨大变化。互联网已经成为高校的思想和知识传播的重要领域、师生学习和生活的创新空间、学校教学管理的重要平台。互联网+时代构建了高校德育实践新的内、外部环境,互联网不仅带来了先进的信息技术,也为高校德育实践提供了一种先进的思维方式。"互联网思维作为一种思维方式正广泛运用于社会各个领域,互联网思维引入高校育人模式给高校德育的改革创新带来了前所未有的机遇和挑战。"[1] 积极培养高校以互联网思维开展德育实践创新的意识,不断提高高校师生的互联网能力,才能准确抓住互联网高速发展所带来的新机遇,保持高校德育理念的先进性。

(一)培养互联网+意识

高校德育实践要充分共享互联网带来的红利,不仅要从学校层面加强对互联网意识培养的重视,更要做好德育实践主体的意识培养。在高校德育实践过程中,教师和学生都是德育实践活动的主体。切实培养高校师生共同的互联网意识,有利于形成教师和学生协调互动、共同发展的良好格局,从而达到高校德育实践良好的育人效果。

1. 学校互联网+顶层设计

互联网+时代高校的外部环境和师生的思想形成都发生了明显的变化,学校应该从全局的角度出发,系统地把握新形势下高校德育实践所面临的机遇和挑战,统筹考虑学校层面和师生层面的变化,明确互联网+时代高校德育实践创新的理念和目标,制订可行性较强的实践计划,并通过机制的建立保证德育实践的创新发展。

---

[1]邹艳辉.基于互联网思维的高校德育创新[J].中国石油大学学报(社会科学版),2016,32(1):99.

德育原理与互联网时代创新素养培育

学校应该准确把握互联网的发展理念和趋势，通过平台搭建、体系重构、机制驱动等方式，明确互联网深度融入学校人才培养和德育实践的发展战略。一方面，学校应进一步加大经费、人力、物力等资源的投入，成立专门的互联网信息化工作办公室，加强信息化基础设施的建设，推进无线网络进校园、进课堂、进宿舍的校园网络全覆盖工程，布局高校德育实践创新发展的关键技术，为互联网背景下高校德育实践创新搭建工作平台；另一方面，学校应通过建章立制明确互联网深度融入高校人才培养的发展思路，引导、激励单位和个人树立新思维，借助于新技术，产生新动力，加强学校层面对互联网的推动、扶植与监督，提供"互联网＋德育"的相关服务，将互联网与高校事业发展深入融合机制化、常态化，推进高校人才培养和德育实践的创新发展，不断激发高校德育实践工作的新活力。

2. 教师互联网＋意识培养

高校教师互联网意识的培养，就是要帮助教师利用互联网开展教学、管理、服务等工作，并在这一过程中不断创新教育理念和手段，提高教育水平和效果。在高校德育实践过程中，尽管教师和学生都是德育实践活动的主体，但由于传统教育模式的影响，教师往往在师生关系中还是处于相对主导的地位，因此，教师互联网意识的培养在整个德育实践创新过程中的作用显得尤为重要。

（1）教师必须认识到"互联网＋教育"的趋势之不可逆，认识到新形势下"互联网＋教育""互联网＋学习""互联网＋德育"已经成为高校人才培养不可逆的发展趋势和创新驱动力。对互联网新形势的清醒认识是高校教师在德育实践活动中树立新理念、凝练新思路、形成新方法的不竭动力。

（2）教师必须提高利用互联网的主观能动性。互联网是一种开放的思维和方法，这就为高校德育实践创新提供了无限的可能和多种结果。教师必须树立主动的、积极的互联网意识，在高校德育实践活动中分析、把握、结合德育过程和德育主体的新规律，利用互联网的技术优势，解决高校德育实际活动中的新问题，对学生进行积极的引导和帮助，达成师生对互联网融入德育实践活动的共识，形成良性互动，方能切实提高德育实践活动的实效。

3. 学生互联网＋行为引导

大学生群体是思维活跃、求知欲和学习能力较强的一个群体，他们对互联网信息技术的接受、适应和熟悉都较快。互联网已经成为学生学习、生活中的必需部分，在无法阻止学生接触互联网的前提下，引导学生正确、健康地使用互联网就显得非常重要。加强对学生互联网行为的引导，就是要引导学生利用互联网完成更多与学习和成长有关的内容。一方面，在教学过程中适当减少课堂学习的比重，通过构建网上学习资源，增加在线学习的环节和内容，将在线学习变成学习过程中不可或缺的一部分，帮助学生形成利用网络进行学习的概念和意识，养成利用网络进行学习的习惯；另一方面，要鼓励和引导学生通过互联网加强学习互动、提高学习质量。互联网的平等、开放、去中心化的特征，给学生带来了自由表达观点和看法的渠道，学校要主动引导学生利用互联网平台与教师进行交流和互动，在这种交流的环境下，学生的真实感受和想法会充分表达出来，学生群体中存在的思想问题也会显露出来，便于及时发现和解决学生群体中的各种危机，增强高校德育实践活动的针对性和实效性。

（二）提高互联网＋能力

高校德育实践中依靠互联网平台开展的德育活动越来越多，"互联网＋德育"已经成为高校德育实践创新的重要途径，"互联网＋"能力的提高，成为保证高校德育实践工作质量和德育实践活动效果的重要手段。高校德育实践活动中，教师不仅要熟悉和掌握互联网＋时代新兴的信息技术，更要学会将这些新兴的信息技术与德育实践过程连接起来、融合进去，催生德育实践的新面貌和新活力。

1. 掌握互联网＋信息技术

对互联网信息技术的掌握是高校德育实践创新的基础。互联网信息技术是互联网快速发展过程中产生的新兴信息技术，如大数据、云计算、新媒体技术等，这些新兴信息技术是高校德育实践创新的媒介、工具和手段。因此，对互联网信息技术的掌握显得尤为重要，学校要组织教师队伍加强对新兴信息技术的学习，教师通过学习要基本了解和掌握互联网新兴信息技术的功能、特性和原理，能够自主利用新兴信息技术设计德育过程，制作德育资源，完成德育实践。同时，还要紧跟时代要求，不断提高自身的网络素质，及时更新网上教育内容，使用学生喜闻乐见的形式，赢得学生的喜爱，从而达到较好的教育效果。

信息技术的学习和掌握是德育实践创新发展的技术基础，并使教师在高校德育实践活动中，能够利用互联网信息技术拓展新渠道和新手段，从而为构建新的德育实践创新平台提供可能。

2.提高互联网+思维能力

要把握互联网+时代的技术特点,教师不仅要勤于学习新的互联网信息技术,更重要的是要有意识、有能力将这些信息技术与德育实践环节连接起来、融入进去,这不仅仅是技术的连接、服务的融合,更是资源的连接、过程的融合。

高校德育实践过程中,教师要学会借助新媒体技术,收集、制作和发布内容健康、形式多样的德育内容和教学资源;要学会利用大数据的分析功能,对学生的发展状态进行监控、预警和干预;要学会利用即时通信技术的优势,加强师生的实时指导、在线互动,实现真正的平等对话和有效交流,提升德育实践的效果。总之,互联网+时代信息技术的发展从来都是日新月异、层出不穷的,但不管技术如何更新和变化,高校教师只要拥有了互联网思维能力,就总能针对新技术在高校德育实践过程中找到新的连接方法和融合渠道。

二、通过优化"互联网+德育"载体提高德育实践有效性

互联网+时代高校德育实践的优化重点,是研究和解决如何保证高校德育实践的有效性。随着信息技术的飞速发展和互联网的广泛应用,社会运行面貌改变的同时,也改变着学生学习、生活、娱乐等行为方式。学生的学习习惯、方式、途径都发生了巨大的变化,更多的互联网元素植根到学生的脑海当中,彻底改变了他们的审美标准,直接影响到德育实践的效果。"互联网+德育"体系的优化就是要将互联网+时代的信息技术优势,运用到高校德育实践当中,并借鉴互联网+时代产业发展的经验和模式,找到高校德育实践的新方法和新路径,不断提升德育实践的新活力,从而提高德育实践之有效性。

(一)"O2O模式"增强德育的吸引力与实效性

O2O(即Online to Offline,线上到线下)是互联网+时代广泛流行的商业概念和模式,它将线下的商务机会和互联网结合,使互联网成为线上和线下交易的平台,增加了商务机会。构建德育课程"O2O模式"是充分利用互联网连接一切、开放融合、海量信息等优势,运用云计算和云平台技术建设在线德育课程,创建线上和线下交叉互动的新型学习方式,构建丰富、生动的德育课程资源,及时整合、反馈学习评价,切实推进德育课程向更加人性化、个性化和实效性方面的提升。

第三章 互联网+时代下的德育创新

1. 构建人性化的学习内容

随着互联网＋时代的到来，人们的行为方式、生活习惯都发生了前所未有的改变。在高校，学生的认知规律和学习习惯也发生了巨大的变化，"O2O模式"的德育课程内容建设主要是依靠新兴的信息技术，让德育资源以崭新的面貌出现在学生面前，并利用云计算和云平台技术将德育内容放在互联网上，供学生随时随地自主选择学习，更加能够调动学生的学习兴趣和热情。

（1）丰富、生动的德育内容构建。"O2O模式"的德育课程内容建设充分利用新兴信息技术的优势，将德育内容重新包装。例如，充分利用音视频、动画、PPT等多媒体形式建设课程内容，或者构建轻松、娱乐化操作体验课程，以任务驱动的方式引导学生掌握知识等，并以学生喜爱的面貌展现出来，让德育过程寓教于乐，也是德育实践活动重在体验和感悟的初衷。

（2）切合学生学习习惯的德育内容建设。随着互联网学习功能的不断强大，以往以教师为中心的学习方式被彻底改变，学生可以利用网络随时随地进行自主学习。"O2O模式"的德育课程内容建设，遵循学生去中心化、碎片化的学习习惯，将德育课程内容按照知识点分为若干部分，方便学生随时随地利用互联网学习，对零碎学习时间的利用可以提高学习效率。同时，被拆分的德育内容都以短小的音视频面貌出现，也切合了互联网学习中学生无法长时间集中注意力的特点，有效地保证了学习的效果。

（3）人性化的德育资源选择。"O2O模式"的德育课程内容建设，注重线上和线下德育资源的相互补充，教师在网络课程上提供与课堂教学相匹配的教学资源、课件、电子图书、音视频等，学生可以根据自身的学习特点和喜好选择德育内容和学习方式，分配线上学习和线下学习的比重，这种人性化的德育资源选择，更加适应学生的学习规律，在德育内容的掌握过程中能够得到更加理想的效果。

2. 满足个性化的学习需求

高校德育课程"O2O模式"是将传统的德育课程教学从线下转移到线上，以传统的德育课程为基础和指导，用信息技术的方式进行包装。线上和线下学习的互补，能更大地增强学生学习的自主性，学习路径和进度的选择也能更加尊重学生个体的实际情况，从而可以提高学习的活力和效率。

（1）学习路径个性化。德育课程"O2O模式"是传统课堂的标准化教学向学生个性化学习的革命性转变。每个学生的知识基础、思维能力和学习兴趣都不尽相同，这正是因材施教的原因所在。"O2O模式"的课程教学将丰富多样的课程资源配置于"云端"，教师会制订共性的学习目标和要求，而不会像传统课堂教学的标准化要求那样限定统一的学习步调，学生的学习自主性得到很大的提高。教学过程允许学生根据自身的兴趣喜好、学习习惯、能力基础等个性化差异，设计和选择自己的学习时间、学习地点和学习方案。这种德育课程教学模式彻底改变了传统德育课程在学生心目中的面貌，打破了以往学生在德育课程中的被动局面，他们可以自主选择学习顺序和学习路径，个性化学习需求的满足和个体差异得到尊重，更大限度地提高了学生的学习兴趣和课程教学的效果。

（2）线上和线下良性互补。德育课程"O2O模式"是典型的混合式教育模式，线上和线下的学习都是德育课程学习的核心部分，线下教师和学生面对面的内容讲授与线上的课程自学形成相互补充。"O2O模式"打通线上和线下课程内容的信息和体验环节，不仅给学生的学习带来了更多的选择，也为教师对德育课程的设计带来更多可能，教师可以安排学生在课前通过线上自主学习完成指定的部分学习内容，这样线下的课堂教学中就能够引入更多的师生互动环节，更加有利于德育课程教学质量的提高。

3. 完善全方位互动学习评价

"O2O模式"的德育课程利用互联网信息化的管理优势，既可以对学生的学习轨迹进行跟踪、学习效果及时评测、学习过程智能辅助，还能完成师生一对一的及时互动，全方位的学习过程评价提高了德育课程的实效性。

"O2O模式"的德育课程让学生能够根据预先设计好的学习流程，在学习系统智能分析的指导下逐步完成学习内容。系统会及时通过测试工具和手段显示学生的学习效果，并给出下一步的学习计划，保证每一名学生线上学习的逻辑性。允许教师根据课程情况安排线上和线下的学习内容，通过线上信息化的学习记录系统，可以准确地把握每一名学生的学习进程和轨迹，了解学生的学习习惯和共性的问题，从而在线下课堂教学中有针对性地进行教授并解决。此外，学生在线学习的数据"留存"不仅是学生学习过程的监督和评价，更为师生的互动交流搭建了平台。线上学习打破了时间和空间的限制，给师生交流更多的开放和自由度，敞开心扉的师生互动更加符合德育实践活动的本质要求，使德育课程内容的传授、学习和体验效果都大幅提升。

（二）新媒体平台凸显德育实践的话语权与感染力

随着互联网+时代的到来，人们的日常生活对互联网的依赖度越来越大，特别是在思维最活跃、学习能力最强的高校师生群体中，传统媒体的使用范围和影响力越来越小，高校师生成为最积极和最广泛使用新媒体技术的群体。高校德育实践活动中，德育环境对德育实践效果的影响举足轻重，德育环境潜移默化地对学生的思想品德、道德素养和行为规范起着渗透、引导和规范的作用。互联网+时代，新媒体技术广泛替代传统媒体以及深刻影响学生操行的趋势，使新媒体平台成为德育实践的重要载体和媒介。如何利用新媒体技术加强高校德育新媒体载体的建设，提高高校德育工作在学生互联网生活中的话语权和主导权，提升高校德育实践活动的感染力，成为高校德育实践创新的关键点。

1. 德育载体的新选择

互联网+时代，在万物互联、跨界融合的政策指引和市场选择中，人们的生活方式发生了巨大的变化，越来越多的现实生活被更加便利、时尚的互联网方式取代。在高校，随着移动通信技术和互联网技术的发展，学生利用移动互联网终端更加便利，他们获取信息、休闲娱乐、人际交往都可以利用手机等移动终端完成。高校德育实践中的传统载体已经无法满足学生成长的需要，新的德育实践载体呼之欲出，利用互联网+时代的新媒体技术加强德育载体建设，是最能保证高校德育实践效果的选择。

当前，新媒体平台已经成为学生最喜爱的成长环境，高校加强新媒体德育载体建设要准确把握学生的特点及喜好，到学生活动最频繁的区域和地带，以学生最喜闻乐见的媒介方式，潜移默化地影响和引导学生成长。

（1）互联网移动终端、手机客户端及应用程序（APP）成为学生互联网生活的重要媒介，学生已经习惯了利用这种形式和面貌的工具进行生活、交流，高校德育实践进网络要抓紧德育主题应用程序的建设，将德育内容通过学生喜爱的学习方式和渠道展现出来，更加有利于增加学生对学习内容的兴趣。

（2）如今，以微信、微博、腾讯QQ空间等自媒体为代表的新媒体平台，几乎成为学生表达观点、分享心情、人际交往、休闲娱乐等诉求的主要载体，学生的思想在这些平台上汇集、交流、发展、定型，高校要抓住这一难得的自然形成的学生网络生活集散地，建立学校的官方微信公众号、微博和QQ空间等，通过这些新媒体手段将德育内容包装成为学生愿意接近、了解和认可的模样，方能使德育实践具有真正的吸引力和感染力。

2.话语权的新阵地

话语权的争夺主要就是解决如何吸引学生关注和学习德育内容的问题，树立学校主流德育思想对学生德育的主导权。新媒体平台作为德育实践的重要载体，必将成为高校德育话语权争夺的主阵地，新媒体平台上，德育实践话语权的争夺要从两个方面来着手，也就是"引得来、留得住"的问题。

（1）如何将学生吸引到高校建立的新媒体平台上来。高校应加强"互联网+德育"载体建设的探索与创新，最大限度地将学生吸引到校园新媒体平台上来。一方面，高校要推进在学生已经固有的新媒体生活平台上搭建德育实践载体，学生在哪里，高校德育实践的触角就伸到哪里，学生在日常生活中寻找自己感兴趣的内容时，会让德育实践的声音无处不在；另一方面，高校对于新媒体德育实践载体的建设，也要有智慧、有计划、有方法地采用引导和制约机制。高校应将与学生的学习和校园生活等切身利益相关的教育新闻资讯、管理服务内容整合到新媒体平台上，如学生的选课、成绩查询、考试报名、学年小结、评优评先、奖助学金申请、重要文件发布等，利用新媒体完成这些学生教育管理的内容，既达到了便捷、高效的效果，又能够让学生登录主流德育实践平台变成情理之中的必然，这样学校就牢牢把握住了学生登录校园新媒体平台和浏览主流教育信息的主动权，对学生关注主流新媒体德育平台的控制，为高校德育实践新媒体媒介发挥作用，创造有利的条件。

（2）如何将学生稳定地留在新媒体德育平台。新媒体德育平台最显著的特点就是改变了以往德育工作的面貌，将原来的道德说教变成一种媒体环境和文化，通过环境和文化的营造，让学生自主选择教育内容，通过新媒体达成师生的平等对话和互动交流，有效提升德育实践效果。

第一，在尊重学生个性发展的基础上，不断提升网络德育文化的品质和厚度，学校的官方微信公众号、微博和QQ空间等新媒体平台上的内容建设要多些诚意、更接地气，让学生对主流媒体的阅读更加轻松、倍感亲切。

第二，有意识地培养师生员工成为校园里的网络大咖和意见领袖，充分发挥微博、微信和客户端的引导作用，在新媒体的环境下有计划地开展德育话题的讨论并解答问题。掌握了新媒体平台的话语权，就掌握了德育实践的主动权和主导权。

第三，引导师生员工对主旋律的德育内容进行广泛的评论、点赞、转发，营造风清气正、心灵共鸣的新媒体网络环境，学生在新媒体平台上有收获、有感触，自然就会经常浏览这些微博、微信公众号、腾讯QQ空间等。

第四章 互联网时代网络素养的培育与道德提升

网络素养和道德规范是大学生综合素质的重要组成部分，提升大学生网络素养与道德对加强改进高校德育工作具有重要现实意义。基于此，本章主要探讨网络素养培育的重要意义、新网络素养及其教育体系、网络素养培育的对策、网络道德提升与学习优化。

第一节 网络素养培育的重要意义

一、推进素质教育、完善育人模式的意义

教育强则国家强。增强我国的核心竞争力、实现中华民族的伟大复兴，教育和人才是关键。适时开展大学生网络素养教育是素质教育的应有之义，有利于全社会勠力同心、勇于承担，培养更多全面发展的社会主义建设者和接班人，也有利于广大高校顺应网络时代的新要求，进一步构建"全员育人、全过程育人、全方位育人"的育人模式，全面提高人才培养能力，努力开创我国高等教育事业发展的新局面。

（一）有利于促进学生综合素质的全面健康发展

开展素质教育旨在促进广大学生基本素质的全面发展，为我国的社会主义现代化事业培养优秀的建设者和接班人。"网络素养作为人们在全球信息化社会生

存的一种基本能力，它是当代大学生综合素质中重要的组成部分"[1]。因而，当代大学生网络素养教育的根本出发点和落脚点在于促进他们实现自由而全面地发展，这是素质教育的题中应有之义，也是素质教育在互联网时代的合理延伸。网络正革命性地改变着包括大学生在内的广大国民的生活方式和习惯，也日益明显影响着当代大学生的思维方式、思想观念、心理发展、价值追求乃至政治倾向。尤其是自媒体时代的到来，每一个网民都拥有了更大的话语空间和自主权，人们从传统的信息接受者转变为信息的传播者，可以自主地在自己的"媒体"上发布信息、表达观点。在面对良莠不齐的海量信息和价值多元化的网络舆论时，大学生由于在知识结构、思维方法和个人阅历等方面都存在一定欠缺，因而难以正确地甄别、解读和处理信息。动员社会各界力量密切关注并开展网络素养教育，能够帮助当代大学生掌握网络的基本知识与技能，提高网络信息的获取、辨识和利用能力，培养他们的时代责任感，引导其增强网络道德观念、网络法律安全意识，在网络虚拟实践中严格加强行为自律，早日成为网络时代所呼唤的社会主义新人，为把我国建设成网络强国提供充沛的人才储备和坚强的力量支撑。

（二）有利于构建"全员、全过程、全方位"育人模式

德育是一项系统工程，既不能仅仅寄予某一教学环节，也不能仅仅依赖于某一教学主体，它需要进一步构建和完善"全员育人、全过程育人、全方位育人"的大德育模式，而加强当代大学生的网络素养教育有利于把立德树人作为中心环节，把思想政治工作贯穿教育教学全过程，实现全程育人、全方位育人，从而培养更多掌握先进科学知识、坚持正确价值观念、适应网络时代需要的卓越人才。

第一，在积极鼓励大学生发挥主观能动性进行自我教育的基础上，整合和动员社会各界力量明确自身责任和角色优势来加强大学生的网络素养教育，充分发挥高校的主体作用，有效发挥政府的引导作用，切实发挥媒体的辅助作用，有利于营造出"人人为教育之人、处处为教育之地"的"全员育人"氛围。

第二，大学生网络素养教育以大学生成人成才的基本规律为依据，于他们学习和生活的整个过程中进行提升其网络素养的教育，不仅在线下的思想政治理论课和计算机基础课中坚持不懈地传播社会主义核心价值观，呼吁大学生关注自身的网络素养，丰富网络知识与技术，坚持正确的政治方向和道德原则，自觉规范网络行为，并且注重发挥各界力量维护健康和谐的网络生态环境，对大学生的线

---

[1] 谢孝红.当代大学生网络素养教育研究[D].成都：四川师范大学，2017：16.

上活动进行正确引导和严格监督，因而，网络素养教育有利于更大范围地实现"全程育人"，把德育的内容渗入人才培养的各个环节中。

第三，大学生网络素养教育要求政府在制度层面上完善教育制度和网络法规，健全网络监控机制来为进一步规范网络虚拟活动提供制度保障；要求在文化层面上利用高校和社会公共场合的展板、校报、广播和广告栏等物质文化建设平台，广泛宣传网络素养的相关知识，从而创造出积极、浓烈的网络素养教育氛围；要求在实践层面上发挥党团组织和社团组织的课堂延伸作用，开展网络素养的相关实践活动以使大学生的网络道德和法律观念外化为网络实践行为。从制度、文化和实践等多方面完善网络素养教育，有利于拓展教育空间，优化"全方位育人"的教育方法和手段。

二、营造风清气正网络空间的重要意义

网络空间是当代大学生社会生活中难以割舍的组成部分，大学生的社会关系也不再仅限于有形的物理世界，而是伴随着他们的网络虚拟实践活动扩展到网络空间中。关注当代大学生的网络生活，积极加强大学生网络素养教育，汇聚各方力量唱响网上主旋律、弘扬网络正能量，有利于培育丰富多彩、健康向上的网络文化；提高大学生批判思辨的精神和规范意识，自觉抵制虚假、有害信息，有利于优化网络生态环境，维护社会稳定，最终为广大网民尤其是当代大学生营造出一个风清气正、健康和谐的网络空间。

（一）有利于营造丰富多彩、健康向上的网络文化

网络文化是指网络时代的文化产物，它是人类传统文化在虚拟空间的延伸和丰富。大学生既是网络文化的接受者、享用者，也是网络文化的创造者、传播者，因此，加强大学生的网络素养教育，既需要为他们提供一个和谐有序的网络文化环境，又能够通过教育调动大学生的积极性来保护网络文化产业、参与网络文化创作，有利于创造丰富多彩、健康向上的网络文化。

第一，广大高校、政府、官方媒体、互联网企业等社会力量纷纷加入大学生网络素养教育队伍，有利于加强网上思想文化阵地建设，严格治理网络空间、做强网上正面宣传，大力弘扬真善美、引导社会舆论，用社会主义核心价值观和人类优秀文化成果引领网络文化建设，整治网络谣言、信息污染等消极落后的网络文化乱象，努力使正能量更充沛、主旋律更高昂，为大学生提供健康和谐的上网

环境和向上向善的网络文化。

第二，加强大学生的网络素养教育，帮助他们树立正确的网络观，提升其网络道德情操与境界，尊重和保护他人的知识产权，杜绝盗取网络视频、音乐、文学、游戏等有偿资源的不良行为，有利于一定程度上保护我国网络文化产业的健康发展。

第三，提升大学生的网络综合素养，有利于增强他们在网络空间的生存和发展能力，遵循网络语言特点和网络传播规律，培养其传递、创造信息的能力，从而发挥其主观能动性、激发其创作潜能，充分利用微博、微信、秒拍等自媒体平台，积极参与网络文化建设，并结合生活学习实际、灵活运用所学知识，创造并分享出更多丰富多彩、格调健康的网络文化作品，共筑我们井然有序、生机盎然的精神家园。

（二）有利于优化网络生态环境，维护社会的稳定

加强大学生网络素养教育是为了帮助他们适应网络社会的生存和发展，而整个网络社会的健康发展也需要他们具备良好的网络素养。大学生作为参与网络活动的主要社会群体，其网络素养的水平将直接影响我国网络社会的发展程度和速度。维护我国网络空间清朗的生态环境是当代大学生的共同责任。

互联网时代下，大学生所接触的各种信息更加图像化、具体化，网络信息的传播方式正影响和改变着他们的认知能力和思维习惯，大学生日渐习惯于对事物进行简单、直接的形象思维，却忽略了透过事物表面现象对网络信息进行抽象逻辑思维的重要性。因而，当代大学生对网络世界中的信息判断和认识难以做到既深刻又准确，从而导致大学生对理想信念、道德标准和自身行为的选择也趋向简单化、非理性，在面对复杂的社会问题或事件时容易一时冲动地选择立场、发表言论。全面提升大学生的网络素养，使他们能够透过现象看本质，深思熟虑地对网络信息做出科学判断，严守网络道德与法规，树立网络安全观，有利于培养大学生的自律意识和社会责任感，使大学生成为我国在网络时代增强国际竞争力和综合国力的生力军。特别是在网络世界中大学生应当保持清醒、认清自我，发布真实、正确的信息和言论，并以每一个大学生为网络"节点"去影响、感召其他社会成员不断提高自身的网络素养，自觉遵守网络法律法规和社会公德，抵制虚假信息、有害信息，有利于进一步优化我国的网络生态，从而营造文明、健康的网络环境。

另外,开展大学生网络素养教育,需要借助于新媒体与传统媒体的宣传作用,特别是利用主流网站的"品牌效应"及时引导网络舆论走向,坚定人们正确的理想信念和政治立场,这对于维护社会大局稳定,促进社会和谐发展也具有一定的积极作用。

第二节 新网络素养及其教育体系

一、新网络素养的内容体系

网络新媒体环境下大学生的网络素养,即新网络素养是人们在现代社会所必须学习和具备的一种能力,是现代人政治素养、文化素养、道德素养等整体素质中的重要组成部分。了解和接触新媒体、理解和判断网络信息,并且能够有效地利用新媒体资源发展自我,已经成为现代人的一项基本生活技能。在网络新媒体时代,网络素养教育必将是素质教育的重中之重,同时网络素养也应该延展出新的内涵。

作为互联网新媒体接触和使用的主流群体和活跃群体,大学生肩负国家建设之重任,他们的新网络素养以及整体素质决定国家的未来与发展。因此,推行大学生新网络素养教育,加强大学生新网络素养培养,是当前大学生教育的迫切需求,而新网络素养主要包括以下方面。

第一,掌握互联网新媒体的基本知识与技能。了解并掌握互联网新媒体基本的知识与技能是新网络素养培养的基础条件,同时也是在新媒体环境下生存的必要条件之一。基本的知识包括文字处理、图形和图像处理等,了解移动互联网的介质特征及其运行机制,以及处理普通网络信息的基本原则与一般方法。大学生只有掌握了基本的互联网新媒体知识,具备了基本的技能,才能奠定良好新网络素养的基础,才能避免受到不良网络因素的影响,才能为大学生的健康成长营造良好的社会氛围。

第二,培养对互联网新媒体信息的判断与传播能力。互联网新媒体传播的形式多样,有新闻报道、纪录写实、戏剧曲艺、综艺娱乐等多种节目形式,有新闻、广告、教育、娱乐等多种信息类型，大学生对这些都应该有所了解。让大学生知道互联网新媒体信息的制作过程，向大学生传授互联网新媒体的传播相关知识，培养大学生之于互联网新媒体信息的甄别与鉴赏能力，是大学生新网络素养教育的重要内容之一。网络新媒体环境下，大学生既是一个信息接收者，也是一个信息传播者。新网络素养教育应着重培养学生的动手操作能力，大学生只有学会创制互联网新媒体信息并予以传播，才能成为一名合格的有着批判思维能力的互联网新媒体的参与者。

第三，培养有效利用互联网新媒体信息的能力。新网络素养教育的根本目的在于使大学生正确认知新媒体与新媒体信息，并能合理有效地利用丰富互联网资源来发展自我。通过新网络素养教育，大学生能够掌握基本的互联网新媒体知识与技能，并将其应用到日常的学习与生活中去，从而不断提高与互联网新媒体的参与互动能力。

第四，培养互联网新媒体使用的道德规范意识。新网络素养教育的核心任务就是使大学生具有高效的信息获取能力，更重要的是了解互联网新媒体使用中产生的相关法律与社会问题，并能在此过程中遵守道德和法律。新网络素养教育，有助于大学生通过新媒体参与社会讨论，利用新媒体发表个人见解，并能够引导网络舆论的正确走向，维护信息传播的公正透明，做互联网新媒体环境下的优秀人才。

既然网络素养的内涵发展与互联网的发展紧密结合，移动互联网的到来也就不言而喻地为网络素养的理论发展和教育实践提出了新的议题。正是基于这样的特征，大学生对互联网自媒体的认知和使用发生了改变，网络素养的内涵也在不断扩展和丰富。而此时的新网络素养，不仅包括传统的对信息的判断能力，还包括有效地创造和传播信息的能力。换言之，受众的主动参与及其与互联网自媒体的互动开始被重视与强调。在此基础上，移动互联网时代的新网络素养应该包括五个方面：①对互联网新媒体的使用能力；②对各种形式的信息内容获取、思辨与批判性解读能力；③对互联网新媒体内容呈现及运作机制的认识；④对互联网新媒体对个人生活所产生影响力的判断和反思；⑤对互联网新媒体与社会的互动关系的了解。

二、新网络素养的教育体系

（一）新网络素养教育的方法论

新网络素养教育的方法论，是关于教育方法的理论，是建立在移动互联网基础之上的，对传统网络素养教育的丰富与发展。积极构建新网络素养教育的方法体系，随着互联网技术的发展不断有所创新，才能始终保持网络素养教育的生机与活力，发挥出其应有的功能，充分实现其价值。

1. 新网络素养教育的常用方法

方法是一系列有目的的行为，是指为完成某一特定目标所采用的方式或手段的总和。新网络素养教育的方法是在教育一般方法的基础上，在大学生新网络素养教育基本原则的指导下，根据大学生网络行为的特点和网络环境的特征，为了实现教育目标而采用的一切针对性的方式和手段。

常用的新网络素养教育方法，从教育者行为方式的维度分类，包括宣传教育法、调控疏导法、管理干预法等。这些常用方法是教育者在面对各种具体的教育目标时，为了解决不同的问题而使用的方法。

在实际运用这些方法时，必须注意：一要深入钻研，以便准确地掌握各种方法。新网络素养教育的方法是一系列的方式和手段，是一个体系。在运用这些方法之前，必须对这个体系有一个完整、深入的学习过程，才能准确把握不同方法的特点，才能正确使用这些方法。二要科学运用，从实际出发，有针对性地使用不同的方法。新网络素养教育方法的一个重要特点就是针对性，是解决不同问题的不同方式的集合。在完整掌握这些方法之后，还必须对所面临的问题有一个准确的判断，把握教育对象的具体特点和环境特征，选择适当的方法实施教育。三要坚持创新，在不断变化发展的形势中总结新经验、创造新方法。新网络素养教育是在传统网络素养教育的基础上发展而来的，其方法也是在继承、发扬传统方法的基础上面对不断变化的环境有所创新的结果。同时，网络的环境和大学生的思想、行为特点还在持续的变化之中，这都要求我们始终保持对新领域新情况的关注，在实践中不断总结、提升，丰富理论、开拓方法。

（1）宣传教育法。宣传教育法是指通过正面教育的方式，由教育者有目的、有计划地向教育对象直接传授理论知识，帮助教育对象树立正确的世界观、人生观、价值观，以提高其思想境界和政治素养；或陈述客观事实，使其对某个事件有全面的了解和科学的认识。

宣传教育法包括两层含义：其一，宣传教育法是将互联网新媒体作为教育的重要阵地，有效开展理论教育的方法。随着信息时代的到来，移动互联网使得阅读方式和学习习惯发生了变化。当代大学生很容易并且更愿意从移动互联网上获取信息和知识。根据这样的情况，理论教育应当突破传统课堂和课本教学的模式，在网络世界中主动出击，基于移动互联网开展丰富的、符合当代大学生特点的教育活动，提升教育的有效性。其二，宣传教育法是掌控网络舆论、占据网络言论的制高点，从而教育影响大学生思想、行为的重要措施。大学生在网络世界中，其思维活动和行为方式必然要受到某种思想理论或舆论观点的支配和影响。宣传教育法就是通过向教育对象传授科学的思想理论，传递主流的舆论观点，使先进的思想和正确的观念支配大学生的网络行为，一方面强化理论教育的效果；另一方面避免错误的信息和片面的观点对大学生产生负面影响。

从以上两层含义出发，宣传教育法可以从以下层面实施。

第一，整合教育资源。整合教育资源是指利用网络平台，将教育的有关资源进行调度、集中和整理，面向全体教育对象开放。从内容上看，传统的整合教育资源通常可以通过建设网上课堂、设立主题网站等形式进行，但新媒体环境下，要在微博世界获得话语权和影响力，必须与其他关系微博形成良好的互动关系。与一般的教学、教育方式相比，通过网络对教育资源进行整合进而开展宣传教育具有形式多样、资源丰富、交流便捷等特点。

首先，通过网络整合教育资源可以利用多媒体技术，使用文本、图片、视频、音频、Flash、基于移动互联网的课程APP等多种手段，开展对学生的教育。这些手段的运用能够以大学生喜闻乐见的形式，将复杂、抽象的理论知识以更加直观和易于接受的方式呈现给教育对象，激发学生学习理论知识的兴趣、增强学生掌握理解思想理论的效果。除了以文字形式陈述理论内容、分析理论含义之外，还可以加入历史背景回顾和未来展望等形式，使学生不仅能对抽象的理论进行学习、掌握，而且能够形成具体直观的意象，帮助学生加深理解，促进学生接受理论的内涵。

其次，在学习理论的过程中会涉及一些相关的文献资料和背景知识。在一般的教学、教育中，由于空间和时间的限制，教育者往往会对这些资料和背景稍做提及而不做深入；同时，在学生学习阅读书本时，若遇到引文需要查阅原文时，

第四章　互联网时代网络素养的培育与道德提升

不能及时获得相关资料。这时，网上课堂和主题网站可以发挥其资源丰富的优势和"超级链接"功能的作用，为学生查阅资料提供便利。一方面，学生可以在课后或阅读书本时，及时在网络中搜索、浏览、下载整合好的教育资源；另一方面，学生在网络上进行学习时，若需要查阅有关资料可以立即通过查询获得。

最后，整合教育资源、利用网络开展宣传教育可以突破时间和空间的限制，随时随地对教育对象开展实时教育。利用网络进行整合的教育资源不仅能够将理论知识的内容全面完整地呈现出来，供学生浏览学习，网络的交互性特点还可以为教师与学生之间、学生与学生之间提供互动的平台，使师生可以通过网络课堂或主题网站中专门设置的或其他的讨论区或留言板进行交流。如果学生在学习理论知识的过程中产生了疑问，可以在网络上任意提出，由教师或同学提供直接的帮助。这种交流互动的方式相对于传统教学方式的优势在于不受时空的限制，任何学生在任何时候都可以向他人求助；同时，还可以为那些不善于跟他人面对面交流的学生提供提问的机会。

通过整合教育资源利用网络开展宣传教育工作的主要承担者是思想政治工作机构、政治理论课教师和辅导员。思想政治工作机构的职责是作为思想政治教育的权威机构，利用专题网站，提供系统的政治理论文献和分享最新的理论研究成果。政治理论课教师的工作主要是在网络上延伸课堂教学，设立课程主页或个人主页来拓展思想政治教育的范围，在课堂之外主动接触学生的思想动态和学习过程，增强教育的有效性和针对性。辅导员的工作主要是在学生的思想政治工作之外，利用博客、微博朋友圈、腾讯QQ群、微信朋友圈、网络论坛等对学生进行日常的教育工作，提高教育的效率。

第二，畅通信息渠道。畅通信息渠道是指教育者在网络上通过发布和传播正面信息和陈述客观事实，引导网络舆论的方向，帮助教育对象鉴别网络信息、了解事件真相，促使其形成正确认识。信息发布渠道所发布的信息包括两类：①事件叙述；②观点陈述。网络上充斥着各种各样的信息和观点，有的真实、有的虚假，有的完整、有的片面，有的客观、有的随意，有的中肯、有的偏激等，这些都影响着大学生在网络上的思维和行为方式，甚至影响他们对于现实生活的认识和观念。面对这种情况，教育工作者一方面必须教会学生如何判断各种信息的性质；另一方面还要主动、及时地向学生传递正面、真实的信息和正确、科学的观点。特别是向学生传递正面、真实的信息和正确、科学的观点，能够有力占领网络舆论阵地，使学生在浩瀚繁杂的信息海洋中找到方向。因此，需要建立一系列稳定的、权威的信息发布渠道，来完成辅助鉴别信息、发布真实消息的工作。

（2）调控疏导法。互联网新媒体上有教育者对教育对象进行思想理论教育的内容、发布的正面信息，也会有不同的思想理论观点和负面信息，这些负面的理论观点和信息影响着大学生正确思想意识的形成，扰乱了大学生对于理论与事实的认识和理解。因此，教育工作者需要面对教育对象个体开展教育活动，针对学生的思想动态和网络的言论环境，运用各种方式，从侧面对教育对象进行引导和说服，使其纠正偏差和错误，接受正确的观点、形成正确的态度，提高大学生鉴别信息和分析问题的能力。这种有别于正面教育的教育引导方法即是调控疏导法。在教育活动中，历来主张贯彻疏导结合的方针或原则。新网络素养教育中的疏导方法，同样是要晓之以理、动之以情，实现明理动情的教育效果，最终通过正面引导、启发诱导、因势利导、造势利导等方式使教育对象形成正确的思想认识。

调控疏导法主要利用的载体有网络论坛和个人聊天工具，包括新闻组、网络社区、专题聊天室、校友录/校内网、MSN、腾讯QQ、飞信、微博、微信等。这些载体的共同特点是具有互动性，具有实时通信、交流的功能，便于教育者及时、直接与教育对象接触，开展教育活动。在进行引导教育之前要事先了解教育对象的具体情况和特点，针对认识偏差产生的原因开展教育。应适当遮蔽教育者身份，以拉近教育对象的心理距离，提高教育的效果。在运用正反两方面信息时，要注意把握合理的尺度和进行认真的分析，避免造成负面影响。需要强调的是，要在科学分析的基础上，有针对性地开展网上调控疏导。针对网络谣言，必须及时作出权威解读。特别要重点把握好五个"度"，即引导立意要强调高度，提炼观点要选好角度，分寸把握要注意适度，有效应对要讲究速度，舆情跟踪要保证力度。在具体的调控疏导中，应注意以下方面。

第一，信息辨别。由于匿名性和遮蔽性，网上易出现不实信息，导致人们在网络上获取信息的障碍。面对浩如烟海、纷繁芜杂的信息，人们往往不辨真伪、无所适从。大学生作为一个特殊的群体，获取信息的渠道单一、识别真假信息的能力和经验不足，更容易在各种信息中迷失。因此，引导学生识别不实信息，及时揭露不实信息，尤为重要。对于各种不实信息，教育工作者一方面要提升自身识别判断的能力，做到及时发现、及时纠正；另一方面还要将判断识别的基本依据和一般方法传授给学生,使其能够在网络世界中明辨是非。

第二,思想交流。与教育对象的思想交流是教育工作者开展调控疏导工作的基础,也是调控疏导法的重要方式之一。思想交流即指教育工作者通过与学生各种形式的对话,掌握其思想状况及动态,了解产生思想问题的原因,并在对话中帮助他们认识和改正思想问题。

进行思想交流需要达成的两个目的是:一要掌握学生的思想情况及其成因;二要在交流中对学生施加影响。掌握学生的思想情况就是要在交流中发现他们是否受到负面信息的影响、影响程度有多大;同时要了解学生接收负面信息的来源和渠道以及他们接收和认同负面信息的原因。掌握这些情况,是针对性地开展调控疏导工作的基础,能对学生的教育做到有的放矢。在掌握学生情况的同时,也可以对学生施加影响、进行教育。思想交流的教育过程包括认识思想状况,分析问题成因,分享思想体验。相比其他的教育方法,就教育对象而言,思想交流是最为直接的方式。教育工作者面对不同的教育对象,可以根据实际情况,采取各种个性化的教育策略和手段。

进行思想交流的形式是多样的。根据交流空间分类,包括网上交流和网下交流;根据交流身份分类,包括实名交流和匿名交流;根据交流群体分类,包括个体交流和集体交流;根据交流工具分类,包括即时交流(如电话、腾讯QQ、微博、微信等)和延时交流(如电子邮件、博客留言等)。尤其是高校官方微博实现线上师生交流,线下积极行动解决问题,是信息时代高校服务师生的新趋势,也是解决传统思想政治教育工作方式中延时、错位等问题的有效方法。高校官方微博关注与粉丝的交流互动,了解、分析、管理和回馈粉丝,保持良好的沟通,通过组织适当的线上线下活动,用"社会的语言讲教育的故事",在"知行互动"的高校德育模式中,有助于高校学生在知识和实践两方面形成道德内化和道德自觉,自觉践行社会主义核心价值观。

(3)管理干预法。管理干预法是指教育工作者通过制定网络行为准则、网站或论坛的管理制度,并以此为依据对教育对象的网络行为进行教育和管理,对不当网络行为进行监督和直接干预。与其他方法相比,管理干预法的一个重要特点是强调对学生开展网上与网下相结合的教育。

管理干预法通常由网络管理员队伍以及辅导员、学生骨干来实施。网络管理员队伍是维护网络日常秩序的重要力量。这支队伍一方面根据国家的法律法规和网络的实际情况，制定某个网站、论坛、官方微博、官方微信的管理制度；另一方面根据制度对网民的言行进行管理和监督。一个学校的官方微博、微信公众号的信息发布者必须牢牢地把握在一定行政级别的教师身上，而广义上的网络管理员队伍的构成包括学校管理者、教师、专职人员以及大学生自身。其中，普通学生参与网络管理工作是开展大学生网络自我教育的重要体现。在自我教育的过程中，学生既是教育者又是受教育者，教与学被有机地融合在一起；他们了解自身的特点和需求，熟悉自身的思路和关注点，能够有效提高网络教育的有效性。例如，高校的 BBS，管理人员包括站务、分区主管、版主等，都由学生自己担任，他们维护 BBS 的运行秩序、处理日常事务，积极配合学校开展网络管理和素养教育工作。辅导员和学生骨干的工作是在发生或发现学生在网络上的不当行为之后，对当事学生实施直接的批评教育活动，促使其纠正错误、端正认识。如果说网络管理员队伍主要是在网上对学校进行管理和监督的话，辅导员和学生骨干就是在网下发挥教育和干预的作用。学生在网络上的言行产生了偏差，其产生的根源并非局限在网络上，在很多情况下是学生在现实生活中的思想动态和行为方式在网络上的延续。所以，对这些学生的教育和干预工作要在网上和网下同时进行，既要在网上对学生的言行进行监督，对不当言行进行直接或间接的批评教育，也要在网下关注学生的日常表现，通过平时的帮教、谈心等活动，把新网络素养教育落在实处。管理干预法在实施过程中必须注意以下方面。

第一，在制定网络管理制度时遵从国家的法律法规和网络的基本规律，制度的表述要合理、严谨。网络管理制度是国家法律法规在网络中的延伸和体现，是根据网络的实际情况和特点而形成的特殊制度。网络管理制度作为人们在网络中的行为准则，必须依据充分、逻辑清晰、表述精确，一方面体现网络管理制度的严肃性和权威性；另一方面为学生理解和遵守网络管理制度提供便利。

第二，做好网络管理制度的宣传普及，使学生清楚了解网络管理制度的内容和含义。制定和执行网络管理制度首先应立足于在事前对人们的行为进行规制和调整，而非事后对违规行为进行制裁和惩罚。因此，必须在大学生进行具体的网络活动之前，使他们了解有关制度规定，以利于遵照执行。

第三，注意保密纪律和保守学生的隐私。在对学生的网络行为进行管理和干预时，可能会触及国家或有关部门的保密信息，必须严格执行保密纪律，以免国家或有关部门利益遭受损害。同时，在进行教育活动时，可能会触及当事学生的隐私。此时必须本着对当事学生负责的原则，注意保护其隐私，否则不但不能达到教育的目的，而且会对学生造成相当不利的负面影响。

第四，充分调动和发挥学生自我管理的积极性。学生在网络上产生不当行为在很大程度上是由于缺乏责任感或是对网络认识不足。让学生亲身参与到网络的日常管理和监督工作中来，可以使学生了解和认识真实的网络，树立在网络世界中的主人翁意识，培养他们的责任感。学生对网络认识的增加和责任感的提升是网络思想政治教育的重要内容，也是对学生进行深入教育的基础和保障。

2. 新网络素养教育方法的实施

通过从教育对象、传播互联网新媒体和教育过程三个不同的维度对大学生新网络素养教育方法的探究，深化了我们对大学生新网络素养教育规律性的认识。以此为基础，结合高校新网络素养教育的工作实践，可以进一步明确开展大学生新网络素养教育的实施策略。

（1）内容与形式相结合。坚持新网络素养教育的内容和形式相结合，将高端、抽象的纯文字性的理论教育，通过图片、视频、动画等可视化的多媒体技术，把素养教育的理论资源优势转化为新媒体优势，利用互联网新媒体开放性与交互性的特点，拓展新网络素养教育的广度和深度，以增强意识形态传播的有效性，变枯燥的理论灌输为生动的文化熏陶。通过可视化的新形式，可以把前国内国际形势、先进人物和先进事迹更全面、详尽、快捷地展现出来，使受教育者在互联网新媒体上，更加直观、更加生动地浏览到相关信息，从而达到理论灌输和文化熏陶的双重效果，提高理论水平和文化素养，形成科学的世界观、人生观和价值观。这在新媒体广泛使用并随之出现的"读图时代"，具有极佳的效果。

一方面，将传统教育的内容转化成充分网络化的教育内容，将具有明显政治性、理论性、系统性、灌输性等特点的传统教育内容与具有具体性、丰富性、变化性、互动性、渗透性、可视性等特点的网络世界进行对接；另一方面，将传统教育的语言转换成能为网络受众接受的网络语言，例如，将现实中人们惯常的语言转化成网络文字语言，将现实中的单一语言转化成网络世界的"多媒体语言"，将现实中的抽象语言转换成网络世界的"鲜活"语言，将现实中的一般中文语言转化成网络世界的"多民族语言"，将现实中面对具体人的普通语言转换成面对虚拟人的"网络化语言"等。

（2）网上与网下相结合。虽然网络空间是虚拟的，但网络社会与现实世界交相辉映，学生的网上行为与网下行为相互联系、相互影响，而非截然对立。因此，新网络素养教育一定要坚持虚拟性与现实性相结合，做到网上网下联动。

网络社会具有区别于现实生活的特殊性，但它又并非完全独立于现实社会之外。这一特殊的虚拟空间实际上已经形成了网络社会与现实社会相互渗透、相互影响、相互转化的一种社会形态。网络社会与现实社会间的矛盾以及相互转化关系，揭示出在新网络素养教育中坚持网上网下联动的必然性，即对大学生的教育和管理必须以网下的现实社会的教育、管理活动为支撑，对大学生的新网络素养教育必须突破就网论网、以虚对虚的观念和做法，建立网上网下有机结合的教育模式。随着社会信息化程度的提高，新网络素养教育已经受到高度重视，各种形式的网上德育正如火如荼地进行，并取得了一定的成效。但是，在实施的过程中，往往容易误入网上与网下二分的怪圈。应该认识到，网上的种种问题，其根源还是在网下的现实社会。当大学生学着过网络中的虚拟生活时，同样也在过着现实的生活。所以，大学生网络思想政治教育既要坚持在网上开展，也要顾及网下教育的不可或缺性。

大学生新网络素养教育的有效性与其他教育活动的开展状况有着密切的关系。不管互联网发展到哪个时代，不管网络社会发展到哪个发展阶段，其现实性都是最为根本的，虚拟性是第二位的。必须看到，现实中的社会力量能够以自发或自觉的方式作用于网络社会的发展。例如，网下的理论学习活动可以推动大学生更加关注相关的网站和新媒体，促进他们对网上理论类信息内容的关注和使用。另外，做到网上工作和网下工作的良性互动，是做好高校网络思想教育与管理的根本保证。要使网上的教育和管理工作取得成效，许多基础性的工作还要通过网下来做。因此，形成网上和网下相互衔接、引导和防范联动的工作机制和预警机制，对做好高校新网络素养教育工作，显得尤为重要。

（3）教育、管理和服务相结合。新网络素养教育的关键在于为广大学生所接受，收到实效。必须以学生的成长成才为中心，将网上教育、管理和服务有效地结合起来，通过更有效、更快捷地服务学生，拉近学生与正面网站或网页的距离，进而增强他们对其中所包含的宣传教育内容的认同，更好地实现校园网络的有效管理。

要加强互联网新媒体的宣传教育，在建立高校官方微博、官方公众微信号的同时，更需要思考的是如何保持甚至不断提高它们与学生的互联率。在建设官方

第四章 互联网时代网络素养的培育与道德提升

微博、微信公众号的同时，也要提高互联网新媒体为学生服务的水平，赋予网络更多的服务功能，把服务、管理和教育融于一体。只有信息量大、服务功能强，为学生所喜爱，点击率才能高，教育的功能才能得以发挥。在目前运营较成功的高校微博平台，微博内容比较丰富、全面，远及过去的历史，近至当天的新闻；大到学校改革发展，小到温馨提醒、祝福问候，高校官方微博以展示手段的多样化，开启了高校对内对外宣传、传播的新窗口和新途径，扮演了校园倾听者、资讯发布者、成长关注者的角色。

（二）新网络素养教育的主要模式

由于互联网新媒体具有比较明显的网络传播的特点，新网络素养教育在运行方式和路径上也具有比较明显的大众传播模式的特点。从互联网新媒体的特点看，信息内容、互联网新媒体、互动群体是三个基本要素。其中，信息内容作为大学生日常所接触信息的主要内容，是影响大学生思想和行为发展的重要因素；互联网新媒体是承载和传递思想政治教育信息内容的基本载体，是联系教育主体和客体的桥梁和纽带，互动群体主要是大学生群体，不同类型的大学生群体在互联网新媒体上活动行为具有特殊性和差异性。三者相互联系、相互作用，成为构建大学生新网络素养教育模式的核心要素。

1. 内容中心模式

内容中心模式是以内容为中心来构建校园网络信息环境三要素之间作用关系的一种新网络素养教育模式。在这种模式中，思想教育的内容处于中心地位，教育内容是选择教育对象、设计和制定教育方法的出发点。思想教育的内容确定之后，网络互联网新媒体的形式和传播对象的范围和类型都由内容的特点和要求来决定的。内容中心模式主要应用于高校日常的主导性教育工作，包括新闻宣传和理论教育工作。

内容中心模式体现出教育的实效性原则。实效性是教育的直接目的和最终目的，也是教育的出发点和归宿。在教育的方法论中，实效性主要指方法的可操作性、在实践中的可行性以及产生良好结果的可靠性。实效性原则要求我们在开展大学生新网络素养教育时，要从教育内容的特点和要求出发，选择相应的教育途径和方法，增强教育的效果。高校基于各种互联网媒介开展新闻宣传和理论宣传教育，其重要目标就是要通过各种途径和方法，把各类教育信息内容有效地传递到大学生的头脑中，并转化为他们的行动。在这个过程中，教育的信息内容受教育的目标所决定，是教育任务和要求的具体体现，具有既定性和稳定性。各类互联网新媒体是教育信息内容的载体和传播手段，是实现教育内容的有效传递所采取的途径和方法，具有灵活性和多样性。

新闻宣传教育工作是以教育者通过新闻报道和新闻评论来影响大学生思想和行为的教育方式。新闻信息的及时性、客观性和真实性是吸引大学生注意力、实现有效传播的关键因素。在新闻事实的报道上，学校官方微博、官方微信、校园新闻网、思想政治教育网站是最为重要的互联网新媒体渠道。学校在新闻报道中要立足这些主阵地，建立来源真实、报道及时、内容客观的新闻报道机制，通过学校各种新媒体的官方权威性和公信力优势，赢得广大学生的认同感，吸引大学生的注意力，实现对大学生思想和行为的积极影响。

就新闻宣传教育工作而言，特别要注意宣传教育内容的综合性、真实性以及导向性。首先，内容的综合性可以吸引大学生的注意力。教育者通过互联网新媒体开展新闻宣传、信息发布等工作，形成全面服务于学生学习生活的具有综合性内容的信息空间，这是能够吸引和凝聚大学生注意力的重要优势。其次，内容的真实性可以赢得大学生的信任感。由于教育者是新媒体的信息源和把关人，这使得作为信息接受者的大学生对于信息的来源具有明确认知，能够把信息内容与相应的信息发布者对应起来，以实现网络空间与现实的一致性，从而使得其信息内容真实可信。最后，内容的导向性可以满足大学生的成长需要。网站的信息内容以正面信息为主，服务于青年学生的成长成才，如丰富多样的服务类信息在满足大学生各种需要的同时实现了教育者对受教育者的积极沟通和有效引导。

2. 用户中心模式

用户中心模式是以参与互联网新媒体互动的用户为中心，构建三个要素之间作用关系的新网络素养教育模式，在这种模式中，参与新媒体活动的用户即大学生的思想和行为的实际状况是我们教育的出发点，不同类型学生群体在互联网新媒体使用、信息内容获取、网络人际交往等方面的特殊性和差异性，决定了教育内容和方式的选择。用户中心模式主要用于教育引导大学生应对网络信息环境的影响，克服缺点、发扬优点，趋利避害，实现思想和行为的健康发展。

用户中心模式体现出教育的针对性原则。教育的针对性原则强调从实际出发，

第四章　互联网时代网络素养的培育与道德提升

针对教育对象的特点和思想实际状况，做到有的放矢，即用不同的方式对待不同的对象，用不同的方法解决不同的问题。针对性原则实际上就是实事求是原则在思想政治教育工作中的应用。从中外教育史上来看，教育对象个性特点的差异性和特殊性以及在智力、思想、道德等方面发展水平的不平衡性，始终是客观存在的。但是，任何时代的青年在思想、道德上的多样性和复杂性都不如当代青年表现得如此明显。因而，高校中的新网络素养教育要取得理想的效果，就要不断加强调查研究，正确认识教育对象的差异性和层次性，并在此基础上有针对性地选择教育内容和教育方式。因此，高校在开展新网络素养教育工作中，要从大学生网络行为的特点出发，根据教育对象的类型差异、层次差异和个体差异，采取不同的教育内容和教育方式，真正做到防止教育的一般化、表面化和形式化。

（1）不同年级的大学生群体对互联网新媒体的使用以及他们所受网络影响的特点不同，要抓住他们思想和行为发展阶段上的主要矛盾，开展有针对性的教育工作。

对于大学新生而言，教育的重点内容在于帮助他们养成良好的新媒体使用行为和观念，防止有害信息内容带来的思想问题；在教育方式上，要充分发挥师生关系场所的正面宣传教育作用，并注重引导他们利用互联网新媒体开展集体建设，提倡热爱学习、互帮互助的积极取向，提倡热爱生活、健康友爱的交流氛围，以此加强对新生的集体主义教育，有效引导他们网络行为和观念的发展方向。对于高年级本科生而言，他们已经融入班集体和校园文化之中，在新媒体上的自觉性增加、自我调控能力增强，利用新媒体参与公共事务的意识不断增强。因此，学校思想政治教育工作者要注重对高年级学生民主参与意识的教育引导，规范大学生民主参与行为方式的健康发展。在教育方式上，积极发挥师生关系场所的桥梁和纽带作用，建立规范化的沟通渠道，并与现实中的沟通渠道密切结合，实现网上网下相结合的沟通与反馈机制。

（2）对于学生干部群体，要提高他们在新媒体上发挥骨干作用的自觉性，增强与不良信息，同时要引导学生干部在新媒体上主动开展积极沟通、化解矛盾的工作，帮助消除网络舆论的负面影响。要注重培养他们的信息素质和新媒体的应用能力，提升他们在新媒体上的凝聚力和影响力，通过他们的核心作用把大学生在新媒体上凝聚起来，发挥新媒体平台上的学生集体建设的教育功能。

（3）对于学生党员和入党积极分子群体，可以把红色网站作为其思想理论教育的主要网络阵地，通过网络阵地开展理论宣传、时事讨论和学习交流等多种活动，加强这一群体的思想理论学习。

第三节　网络素养培育的对策思考

一、积极发挥学生的主观能动性，加强自我教育

培养大学生主动提高网络素养的自觉性，不断加强自我教育将良好的网络素养内化为自我人格是网络素养教育的根本。网络素养教育和社会大环境的影响都属于外因，内因才是事物存在的基础，也是事物运动、发展的源泉和动力。只有大学生积极发挥自身的主观能动性，主动进行自我教育，提高网络素养，才能更主动、更自觉、更有效地参与网络素养教育活动，才能逐渐将网络规范"内化"为大学生的个体品质，最终"外化"为实际的网络行为，达到知行统一，改变目前大学生网络道德认识与道德行为背离的现状，从而保证教育目标达成与任务的顺利实现。

（一）提升网络素养，规范网络行为

大学生进行网络素养的自我教育，一方面，要求大学生主动开展以提高网络知识与技能素养为目的的网络实践，把已学习到的网络理论知识和操作技术运用于长期的网络活动中以巩固所学知识，并且丰富大学生网络实践的内容。例如，设计精美的网页、制作精品的视频或音乐等。另一方面，要求大学生加强网络行为自律。在日常的网络实践中树立高尚的道德信念和正确的法律观念，锻炼自身的网络信息辨析和处理能力，抵御不正确的网络信息侵蚀，并且规范网络言行，自觉遵守网络道德规范和法律法规，培养良好的网络行为习惯。例如，浏览合法、健康的网站，主动"关注"宣传主流文化、传播正确价值观的微博博主；立足事实、传达善意，决不轻传、轻信未经证实的消息，理性文明地发表评论，理解并包容网络中的不同声音等。

（二）树立"节点"意识，传承主流文化

大学生积极发挥主观能动性，提高网络素养，不仅包括自觉参与教育活动，还包括树立"节点"意识，增强社会责任感，传播社会正能量。进入自媒体时代，普通大众的话语权空前增大，大学生应当科学合理地利用自身的话语权、表达权。不同于传统媒体，微博、微信的传播方式是由分散的普通网民自发进行信息传播，每一个微博、微信用户就是信息传播的"节点"，通过点对点或点对面的形式传播而形成社会影响力。大学生应当树立"节点"意识，充分运用微博、微信这些传播平台向同学、朋友、亲人和陌生人传播主流文化，弘扬社会主义核心价值观，主动承担起维护道德规范、引领社会风尚和净化网络空间的社会责任。例如，在进行各种社会事件的激烈讨论时，大学生们应当理性客观地发表评论，从而发挥自身力量，正确引导社会舆论。

二、充分发挥高校在培育学生网络素养中的作用

高等教育的发展水平是反映一个国家当前发展水平和未来发展潜力的重要指标，高校是我国人才培养和输出的主阵地，育人是高校的核心使命。能否直面网络挑战、创新工作思路，能否在人才培养工作中科学融入网络素养教育事关高校人才培养工作的效果与质量、事关高等教育的成败与未来。因此，加强当代大学生的网络素养教育应当充分发挥高校的主体作用，逐步将网络素养教育的课程纳入高校教学计划中，并且充分利用课堂、讲座、考试等多种教学渠道；突破思想政治教育的传统方法、内容和平台，更新教育观念，打造一支具备较高理论素养和实践经验的网络素养教育的教师队伍；发挥党、团、学组织的区别优势，通过线上、线下的学生活动寓教于乐，注重网络实践引导；掌握大学生的实际需求，注重网络平台建设，提升网络宣传内容的质量，构建多元化的沟通渠道等。

（一）纳入教学计划，运用多种教学渠道

很多高校目前的网络素养教育处于起步阶段，还未得到全面的普及，鲜有高校将网络素养教育作为一门独立的课程面向大学生开设，只有个别高校开设了稍有涉及"网络素养"的相关课程。因此，加强高校网络素养教育当前最迫切的应当是建立系统的课程体系将其纳入高校的教学计划中。遵循大学生的身心特点和认知规律、遵循思想政治工作规律、遵循教书育人的规律，开发、编写出以网络知识与技能教育、网络信息甄别教育为基础，以网络道德素养教育、网络法律与

安全素养教育为核心的适用于当代大学生的教材和相关读本,为他们正确认识和合理利用网络提供正确的方法,也有利于教育者开展教育实践活动。在明确教育内容的基础上,高校还需要充分利用课堂、讲座、考试等多种教学渠道向学生讲授课程内容,从而不断提升网络素养教育的效果。

第一,开设专门的网络素养教育公共选修课。高校需要结合自身学校特点开设公共选修课供全校学生自主选择,也可以运用网络公开课、慕课的形式通过互联网面向广大大学生和所有对网络社会的技术、问题现象和趋势感兴趣的网民讲授如何提高适应网络世界的信息甄别能力、分析能力,正确看待网络舆论,全面提升网络素养的相关课程。

第二,举办网络素养教育的相关讲座。由高校思想政治教育教师为主导,以单次或数次讲座的形式定期向所有专业学生开设培训课程,务必讲清网络相关的道德问题和法律规范,网络信息的正确解读和甄别等问题;由传播学教师开设公开讲座主要讲授网络传播的基本特点、运作方式等基础理论;或由高校邀请专业人员讲解如何保护个人信息安全等方面知识讲座,以提高大学生的网络法律与安全素养。

第三,融入思想政治教育课堂。把网络素养教育融入思想政治教育的课堂之中更具现实可能性和实际操作性。"思想道德修养与法律基础"课是当前我国在校大学生的必修课之一,其配套教材中有多处教学内容适合教育者对其进行深入挖掘,并将网络素养教育渗透其中。通过在思想政治教学过程中讲解和讨论网络沟通技巧、网络信息甄别、网络道德伦理等内容,把加强网络道德素养教育和网络法律与安全素养教育作为重点内容传授,以社会热点或道德事件为切入点澄清网络道德原则和价值体系,贴近大学生生活实际和网络实践,宣传网络法律法规和网络安全基本知识,讲解科学的网络认知方法。这样能够提升大学生对网络信息的分析能力、逻辑判断能力,提高大学生的自我约束力和社会责任感,而且能够培养他们灵活掌握和运用辩证唯物主义和历史唯物主义的基本立场、观点和方法来认识、剖析网络社会问题的能力。另外,培养大学生在网络实践活动中,坚定正确的政治方向和政治立场,认同社会主义社会所倡导的道德价值,主动将之内化为自身的道德认知,再外化为道德行为,自觉维护网络舆论环境,争做有责任、有担当、有涵养的优秀网民。

第四,纳入计算机教育课程的教学和考试。网络素养教育的内容适当纳入高

第四章　互联网时代网络素养的培育与道德提升

校计算机基础教育课程的教学和考试之中，不仅可以进一步建立立体、完整的高校网络素养教育体系，而且可以丰富计算机课程的教学内容，使其更具时效性。

（二）更新教育观念，加强教师网络素养

大学生网络素养存在的问题，虽然在现象上表现为一种具体的能力和素质不足，但在深层次上仍然与大学生思想政治教育密切相关。要培养一支既具有较高的政治理论水平、熟悉思想政治工作规律，又能较有效地掌握网络技术、熟悉网络文化特点，能够在网络上进行思想政治教育工作的队伍，包括专职工作人员队伍、党团员和师生骨干队伍，是做好思想政治教育网络工作的重要组织保证，也是大学生网络素养教育能否顺利实施的人才保障。

第一，更新教育观念，适应网络"新"角色。大学生的社会实践活动不再局限于现实世界中，这也要求教育者更新教育观念，逐渐适应网络社会的新特性，积极学习并熟练运用微博、微信等自媒体，从而深入了解当代大学生在思想观念和思维方式上所产生的新变化、新动态，与大学生一起站在普通网民的角度上感知当前网络社会出现的新情况、新问题，及时回应学生在学习生活、社会实践乃至影视剧作品、社会舆论中所遇到的真实困惑，以广阔的视野、活跃的思想、敏捷的思维和及时应变的能力融入大学生的生活实际，从而更有针对性地引导大学生的网络言行，满足大学生成长成才的需求和期待。

第二，提高学生的网络综合素养，改进教学手段和方法。一方面，在提升思想政治理论水平和实践能力的同时，教育者还要掌握教育学、心理学、传播学及管理学的相关内容，从而更准确地把握大学生的网络认知规律和特点；另一方面，教育者还要熟悉网络知识与技能，积累网络生活经验，锻炼自身敏锐的信息意识，不断掌握最新的网络技术。例如，熟练运用QQ、微信、微博等工具，百度、谷歌等搜索引擎，以及迅雷等网络下载工具完成基本的网络信息浏览和下载活动；尽量掌握Photoshop、CorelDRAW等图片处理工具，FrontPage、Dreamweaver、Flash等网页制作工具加强自身建设简易网站、创造高质量网络信息的能力。师资队伍网络技能的提高，不但是开展大学生网络素养教育的客观要求，而且能为高校思想政治教育的发展迈上新台阶提供技术支撑。

（三）凸显组织优势，统筹联动线上线下

加强大学生的网络素养教育，应该注重多样化的网络生活实践引导，发挥党

团组织、社团组织的课堂延伸作用，充分挖掘学生的兴趣和特长，通过开展丰富的现实实践活动和网络实践活动，统筹联动线上线下来引导大学生陶冶情操、坚定信念、磨炼意志，最终将网络道德认知和法律观念外化为正确、理性的网络行为。具体而言，利用展板、校报、校园广播和网络等传播载体宣传网络素养知识；举办辩论比赛，就网络中热议的道德标准问题、法律空白问题进行讨论，以提高大学生关注网络素养的意识；开展网络技能大赛以帮助大学生主动锻炼其制作视频、音乐，设计网页的基本网络生存能力；充分运用官方微博、微信公众号等交流平台开展主题讨论活动，吸引大学生关注现实社会生活和网络社会的公民素养问题，将提高网络素养潜移默化地融入他们的学习生活之中。

（四）注重平台建设，加强宣传内容质量

互联网已经成为不同价值观形成、矛盾与融合的平台，是社会舆论激烈斗争的主战场，也是大学生获取信息的第一途径。因此，网络素养教育应当注重网络平台的建设，加强高校的网上思想文化阵地建设。

在形式上，注重构建网络互动平台体系，促进师生交流，建立一批贴近学生实际学习生活的学校、学院、班级、社团的官方微博、公众号，加强师生之间的沟通、联系。并且，建设一支由学生和青年教师骨干组成的网络宣传员队伍，深入网络"第一线"对每一位大学生的网络思想和行为进行正确的引导，开展网络道德大讨论、网络法律科普等活动提高其网络文明素养，通过平台的互动、宣传来巩固和壮大主流思想舆论对当代大学生的影响力，牢牢掌握网络舆论战场的主动权。

在内容上，不断提升平台宣传内容的质量，不仅要加强官微的"红色"信息输出，建立先进文化的传播基地，把握当前大学生的思想方向和政治立场，还要顺应当代大学生的思维模式和语言方式，契合他们的日常习惯和兴趣喜好，

对大学生感兴趣的社会热点、舆论话题进行讨论，以漫画、视频等大学生喜闻乐见的表达方式进行隐性的网络素养教育，尽量使平台的宣传内容能够集思想性、知识性、艺术性于一体。

第四节　网络道德提升与学习优化

一、网络道德的提升

"网络道德是指人们在内外因素作用下，对网络社会道德现象和自身网络道德行为过程所持有的网络道德认知、网络道德情感、网络道德意志、网络道德行为的网络道德心理过程，以及由主体的网络道德需求、网络道德态度、网络道德价值观等形成的网络道德个性心理倾向性和由网络道德知识能力、网络道德性格等构成的网络道德个性特征。"[①]

提升大学生网络道德，必须进行网络道德教育，深化大学生的网络道德认知，提高新网络素养，培养大学生的网络道德情感与意志，并将自律与监督相结合，规范大学生的网络道德行为。

（一）推进网络道德教育，深化网络道德认知

大学生网络道德问题产生的一个很重要的原因是网络道德认知混乱，网络道德教育亟待加强。而作为一种正在形成过程中的规范体系，网络道德规范远没有现实道德规范那样完善，因此，进行网络道德教育深化网络道德认知，就是要让大学生懂得一些基础性或一般性的网络道德规范要求。

网络道德规范，既要很好地吸收和借鉴已有的并已见成效的成果，同时也要研究网络的发展趋势，提出更贴近社会、贴近生活实际、贴近大学生的网络道德规范。根据国家对公民最基本的道德要求"公民基本道德规范"和"社会公德"要求，网络道德的基本规范应主要包括以下内容。

第一，爱国守法。爱国守法是网络政治生活中最基本的道德要求。

"爱国"是每个国家现实社会中人们必须遵守的道德原则，在"网络社会"中也不能例外。网络的开放性特征决定网络世界应该能够让不同文化处于同等的地位，网络世界强调"爱国"有着重要的现实意义。

"守法"是维护"网络社会"秩序必要而基本的要求。网络的隐秘性特征使人们的网络行为更自由和随意，如果没有一定的规范引导和调节，网络社会就很容易陷入混乱和无序。规范人们网络行为的基本法律，就是计算机网络相关的法律、法规。

[①] 蒋智华.网络素养教育与大学生成长研究[M].北京：现代出版社，2015：106.

第二，诚信无害。诚信无害是网络经济社会生活中最基本的道德要求。

网络经济社会生活要求人们"诚信"。随着网络的日益普及和其交互性、即时性、跨地域性、非实体化、虚拟化等特点的凸显，人们有了一个相对自由、也相对方便的"自由时空"，但同时，现实经济社会生活中大家十分熟悉、一致认可的某些"规则"失去了效力。不讲信用将使网络经济社会生活更加混乱，因此更要求人们讲究网络诚信。要诚实友好交流，不侮辱欺骗他人。

"无害"强调的是，人们不应该用计算机和信息技术给他人造成直接或间接的伤害。一般而言，"无害"包含以下基本要求：一是不损害公共的以及他人的网络自由和利益，包括个人隐私和名誉等；二是不设置影响网络信息交流的障碍，当然必要的为维护信息安全而设的防火墙技术与加密技术除外；三是不传播不良信息，包括不健康的内容、不负责任的言论，因为这些不良信息都是有害他人的。

第三，文明友善。文明友善是网络文化生活和人际交往中最基本的道德要求。

"文明"要求在网上传播的内容和传播的方式都是文明的。传播的内容要科学、健康，不要散布不健康的内容。传播的方式也要文明、礼貌。

"友善"是网络人际交往中最基本的道德要求，应该包括以下方面的要求：一是平等公正，这是形成网民间友善共处的基础；二是互惠互利；三是应避免不必要的纷争以减少彼此间的伤害；四是要尊重包括版权和专利权在内的财产权和知识产权；五是要尊重他人的隐私，保守秘密。

第四，自律自护。自律自护是网络个人生活中最基本的道德要求。

"自律"是由网络道德自主性特点决定的。网络是一个没有权威、没有统治、人与人之间彼此隐匿的空间，任何人都可以在这个环境中尽情地展现自己，宣泄自己，不需要任何顾虑。网络道德因此体现出明显的自主性。道德的监督机制和惩罚机制在网络中很难产生，调整网络关系的网络道德只能主要依靠网民们的内心自觉信念和主体意识，特别是权利、责任与义务意识的觉醒，即网民自律，自主自愿地按网络道德的要求进行网络活动。

"自护"也是网络个人生活中必要的道德要求。网络是一个丰富多彩、吸引力非常强的世界，因此网民也必须自我保护，要有自我控制力，上网工作、学习、娱乐要有益身心健康，不要沉溺于虚拟时空。

网络道德教育应坚持社会、学校教育与自我教育相结合、网上教育与网下教育相配合，着重培养大学生的网络社会善恶辨别能力和道德自律意识。

（二）通过自律与监督相结合规范网络道德行为

自律不强与监督不力是大学生网络道德心理问题产生和网络道德行为失范的又一个重要原因，因此，必须将自律与监督相结合，规范大学生网络道德行为。

1. 加强自律以规范网络道德行为

传统的道德调节监督是通过传统习俗、社会舆论、内心信念来维系的，但是网络的匿名性和数字化等特征，使人们难以觉察到社会舆论监督机制的存在，导致传统习俗、社会监督对网络道德主体行为的调控作用减弱。人们的行为主要依靠个人的道德自觉和内心信念来维系，网络道德调节力量的源泉主要来自行为主体内部，依靠个体的道德自律。

道德自律指道德主体借助于对自然和社会规律的认识，借助于对现实生活条件的认识，自愿地认同社会道德规范，并结合个人的实际情况践行道德规范，从而把被动的服从变为主动的律己，把外部的道德要求变为自己内在良心的自主行动。网络主体的道德自律主要是指网络主体自愿认同网络规范，以自觉的道德意识对网上行为进行自我约束、自我保护、自我调节、自我完善。

加强自律以规范网络道德行为要求大学生在道德意识层面，树立主体意识、责任意识、规范意识。网络对人的道德主体性的影响是双重的，有利的一面是可以唤醒网络主体的道德意识，培养网络主体的道德判断、推理、选择能力和道德践履能力，不利的是网络所带来自我认同感的破坏等问题制约着人的主体性发展，甚至导致网络主体的异化。大学生应借助网络增强自身的道德主体性。责任意识是主体对自身所担负的义务、职责、使命的意识，它是主体自主地从事道德活动的内在动力。大学生在选择和决定网络行为时应该考虑并承担相应的道德责任，在享受网络带来的便利时应该主动承担起对他人和社会的义务，在个人利益与整体利益发生冲突时个人利益应该服从整体利益。同时，要树立规范意识，为了维护网络健康有序发展，为了形成和谐的网络伦理关系，无论何种网络行为都必须遵守一定的"游戏规则"，大学生应提高网络规范意识。

加强自律以规范网络道德行为要求大学生在道德实践层面，不断进行自我约束、自我保护、自我调适和自我完善。首先是自我约束。大学生在进入网络空间后，要自觉遵守有关道德要求，约束自己不恰当的情感，对自己的行为有一定的限制，做到网上网下一个样。其次是自我保护。互联网上的信息良莠不齐、真假难辨、是非难断,大学生要培养较强的信息识别能力和免疫能力,避免在不知情的情况下掉进"网络陷阱"。再次是自我调适。一些社会学家和心理学家已经提出了许多自律性的行为指南和治疗方法,针对"网络沉溺""网络孤独""信息强迫症""手机依赖"等网络疾病,从生理和心理上不断进行自我调适。最后是自我完善。大学生应在网络道德实践中不断进行自我教育、自我修养,形成良好的网络道德人格,以促进自身全面发展。只有通过不断的自我完善,才能培养出对网络道德的真情实感,才能锻炼出坚强的网络道德意志,才能最终养成良好的网络行为习惯,当网络道德行为成为大学生自觉自愿并持之以恒的行为时,网络道德自律便实现了。

2. 加强监督以规范网络道德行为

虽然目前的网络社会规范网络主体的网络道德行为主要靠道德自律。但是仅仅依靠道德良心和自律对于建设有效的网络道德体系是不够的,必须加强网络道德的社会调节和他律。

第一,网络道德教育。道德教育是加强道德建设的重要环节,是道德活动的重要形式,也是培养理想道德素质,调节社会行为,形成良好社会舆论和社会风的重要手段。网络道德教育应坚持社会、学校教育与自我教育相结合、网上教育与网下教育相配合,着重培养大学生的网络社会善恶辨别能力和道德自律意识。

第二,法律约束。我国近年来加快了互联网法律、法规、政策的制定步伐。全面推进网络空间法治化,就要统筹国内国际两个大局,统筹网上网下两种资源,加强网络立法、网络执法、全网守法,全面推进网络空间法治化建设,实现网络健康发展、网络运行有序、网络文化繁荣、网络生态良好、网络空间清朗的目标。

第三,技术调控。网络自律技术,主要是指分级过滤技术这一类的网络安全技术手段,通过网络自律技术可以对网络空间中的不良信息进行分级与过滤,帮助用户控制在登录后所应该看到的和不应该看到的信息内容,从而提供较好地实现道德内化的外部环境。这种外在限制实际上是利用各种现代化的信息技术手段,对信息传播主体发送到公共信息通道的信息进行过滤,消除其中的某些不道德因素,强制性地将信息传播自由权利的行为限制在道德范围之内。这种道德限制的主要功能是过滤,因此,又可把这种道德的外在限制称为技术上的"道德过滤"。

第四章　互联网时代网络素养的培育与道德提升

第四，社会赏罚。道德的惩罚与制裁是引导个人行为成为道德行为的理由或者力量，是维系道德原则、道德规范的重要手段。在当前网络道德水平还普遍不高的情况下，网络道德的内在自律必须与外部的道德惩罚与制裁相结合。社会赏罚是社会组织根据其价值标准和一定的组织形式对其社会成员履行社会义务的不同表现及其行为后果，以物化、量化的形式给予行为优良者以物质或精神的奖励，对行为不良者给以制裁的一种道德的社会调节方式。通过罚款等经济手段对网络主体中的不道德行为者进行利益制裁，可以使其记取教训，改过向善。

第五，社会、学校、家庭、同学们之间共同监督。社会、学校、家庭、同学们之间监督的主要手段是网络道德评价。网络道德评价是人们依据一定的网络道德准则去衡量自己、他人或者社会的网络道德活动并做出善恶褒贬的道德判断活动。网络道德评价的调节作用在于将社会对个体行为的善恶评价传达给行为者本人，从而使行为者明确自己的网络行为是否符合正当从而在人们的心中树立起网络行为的道德标准，使人们增强行为实践的道德自觉性，把网络道德的规范和要求化为行为实践的自觉践履，同时促进网络道德主体在内心深处强烈的道德责任感，自觉从事网络道德行为。道德评价的作用机制主要是通过社会评价和自我评价两种形式来实现的。网络道德社会评价机制主要是通过社会舆论、传统风俗习惯等来进行。因此，社会舆论和传统风俗习惯是网络道德社的社会调节的重要方法。在网络道德调节系统中，它们是道德外在强制作用最主要的形式，其发挥作用的重要前提是舆论的环境和氛围的塑造和引导。社会、学校、家庭、同学们之间通过网络道德评价形成一定的网络舆论氛围，起到网络道德监督的作用。

二、网络学习的优化

学习是伴随人类生活始终的一项活动，正是因为有了学习，人类才在物种的进化中，获得了得天独厚的优势，实现自身生命的不断超越。学习不仅是个体生存和发展的需要，也是社会文明和社会发展的重要标志。互联网产生以来，人们通过它进行交流、讨论，实现资源共享，有力推动了人们学习方式的变革。20世纪90年代以来，我国正式接入因特网，网络学习在大学生的学习生活中逐渐扮演越来越重要的角色。了解当代大学生网络学习心理，研究其规律，对提高网络学习效率是十分重要的。

网络学习方式是一种全新的学习方式，与传统学习有着很大的区别。第一，网络学习自主性强于传统学习。在网络学习环境中，大量数据、档案资料、程序、教学软件、兴趣讨论组、新闻组等即时学习资源，形成了一个高度综合集成的资源库。这些即时性的学习资源对所有人都是开放的。学习者可根据个人的特点和意愿，采用适合自己的学习方法，主动地、自主地进行网络学习。经过一阶段学习之后还可以通过网络进行自我测试和自我评价，检验学习效果，从而激发学习的兴趣和学习的主动性。第二，在开放程度上，网络学习远优于传统学习方式。传统教学模式采用课堂、班级授课制，授课的人数是一定的。现代社会的发展越来越需要大量接受过高质量教育的人才，课堂教学无法满足这种要求。网络学习使更多人在家就能接受高质量的教育，具有比传统课堂教学更广阔的开放度。第三，网络学习能充分满足学习者的个性需求，并能实现动态的学习控制。网络化学习可以帮助教师发现和使用不同的教学方法和教学组织形式，学生也可以根据自己的时间安排学习进度，根据自己的兴趣与需要安排适合自己的学习内容，满足学生的个性化需求，有利于激发学生的学习动机，培养学生的自主学习能力和创新精神。

（一）网络学习的重要作用

网络以迅雷不及掩耳之势融入了大学生的日常生活，而且大学生也将成为这个虚拟世界的主流，互联网对于当代大学生的日常学习和生活影响已不可忽视。网络学习对大学生学习信息的摄取发挥了重要作用。

1. 网络学习成为学生一种重要的学习方式

继报纸、杂志、广播、电视四大传统媒体之后，一种以现代信息技术为基础、在新的技术支撑体系下出现的媒体形态——新媒体出现。它以互联网和移动终端为代表，以其独特性吸引着当代大学生，逐渐渗透到大学生的学习生活中。作为传播信息的媒介，新媒体逐渐成为当代大学生获取知识和信息的新途径。从某种意义上来说，它冲击了大学生传统的学习方式。新媒体的平等性、参与性改变了大学生传统的学习方式，即传统教学中学生只能依靠书本和老师传授的学习模式。新媒体的开放性、交互性使它打破了传统媒体在时间和空间上的限制，省去了许多信息传播的中间环节，使学生获取知识更加方便、快捷。新媒体在当代大学生的学习生活中扮演着重要角色。在新媒体的环境下，已经形成与新媒体相适宜的学习思维、学习方式。

第四章　互联网时代网络素养的培育与道德提升

（1）网络学习拓宽了大学生的求知途径。网络提供即时、开放、共享、丰富的信息资源，极大地拓展了学习内容，拓宽了大学生的求知途径。在网络学习环境中，汇集了大量数据、图片、档案资料、案例、视频、程序、教学软件、兴趣讨论组、新闻组等学习资源，形成一个高度综合集成的资源库，而且这些学习资源对所有人都是开放的，这些资源可以为成千上万的学习者同时使用，没有任何限制。所有成员也都可以发表自己的看法，将自己的资源加入网络资源库中，供大家共享。学习者根据自己原有的知识结构、兴趣和需要，对信息进行选择、加工和处理，再结合课堂中所受到的启发，从而形成自己对意义的建构。尤其是随着新媒体时代的到来，各种信息工具相继出现，大学生拥有一个广阔的平台可以方便快捷地收集信息。新媒体信息传播的速度快、信息的储备量大、使用资料的方便这些优点不断给大学生的思维带来巨大的影响，使大学生的思维得到了前所未有的自由空间，上升到了一个新的高度，思维的广度随之增加。

（2）网络学习促进了大学生自主进行学习。网络学习打破了传统大学生在校学习中对经验传授者与接受者的时空束缚，大学生在网络上可充分利用学习者在网络认知了解阶段的注意选择性知觉具有的自主性进行学习。网络不受时间与空间的限制，按照学习者的兴趣，在最短的时间内对学习者提供各种符合学习者需要的内容、方式等方面的选择，迅速提高大学生的学习效率。网络可以根据不同内容的不同特点，以各种载体形式展现学习内容和学习资源，刺激学习者的多种感官，引起学习者的兴趣与思考，并通过网络交互工具，带动学习者的积极性，促使学习者集思广益，进行选择、批判与创造，同时学习者在知识的获得与应用迁移方面模拟工具或模拟体验上的需求也能得到满足，从而提升学习效率，加深学习效果。

（3）网络学习提高了大学生学习的自我效能感。网络学习方式通过虚拟空间，使学习者的价值、潜能、个性得到充分的发挥、发展和实现，提高了大学生学习的自我效能感。从学习心理角度看，大学生进入高等学校学习就是为了追求自我实现，而自我实现的需要具有永不满足性。一方面，网络可以给大学生提供一种自由、轻松、没有压力的学习环境，有助于大学生的不断创新；另一方面，在网络大背景下，大学生在结合自己的学习动机，根据自己的需要安排相应的学习内容，选择适合自己的网络交互方式，确立合理的学习目标后对自己能否获得良好的学习效果有了更明确的判断，这种判断将成为持续进行网络学习行为的决定因素，从而激发出大学生以更高的积极性去从事今后的学习活动，使学习更有成效，从而形成学习上的良性循环。学习者自我调节的学习能力的提高，正是自我效能感提高的表现。

2. 网络学习给大学生学习所带来的影响

随着经济、科技的发展，网络越来越普遍化和必需化，互联网新媒体作为一种新的传播形式，得到广泛应用。新媒体有着自身与生俱来的优势，它是大学生学习的影响是深远的。主要表现在以下方面。

（1）加速了获取知识的效率。新媒体技术为文化传播开拓了前所未有的空间和路径，进一步改造和优化了文化传播系统。大学科目的学习需要学生课下搜集大量的材料知识来充实老师上课所讲的内容。由于互联网新媒体是以移动终端载体和无线网络为途径来实现接入互联网的，在便捷性和灵活性上就有很大的优势。学生可以随时随地使用移动互联网对所需的信息和不懂的知识进行查阅，从而节省了大量时间，加速了获取信息和知识的效率。

（2）提高了获取知识的深度。单一深度的需求被丰富的信息所取代，大学生可能之前需要花费一小时才能获得一个有深度的信息量，如今在新媒体或者MOOCs上花费半个小时或者更少的时间就可以获得。而且通过的是图片化、可视化的表达手法，使学生更加理解知识。

（3）提高学生学习的热情。电子书、手机报的使用在大学生群体中也是司空见惯了，互联网新媒体集文字、图像、音频、视频于一身，并通过互联网手机应用程序即App的下载，打破了传统纸质版的单一模式，这一新的形式也迎合了大学生这一群体的心理。学生可以不再只局限于枯燥的纸质文字信息，相应地也就激发和提高了其学习的热情。

（4）学生的自我学习与探究能力提升。由于互联网新媒体自身的便捷性，使得学生获取知识的渠道不再只局限于课堂上老师的讲解，再者大学课堂传授的不仅仅是课本上的知识，更是培养学生学习的能力，老师则主要起引导的作用。而移动新媒体为学生提供了一个获取知识和信息很好的通道和平台，学生可以在需要时随时随地对不懂的问题进行查阅，养成一个自主学习的习惯，而不是再去依赖老师的讲解。

（二）网络学习的素养优化

网络学习是在信息社会化大背景下大学生学习的一种必不可少重要方式。网

第四章　互联网时代网络素养的培育与道德提升

络学习和传统学习一样也存在学习心理问题，而且呈现出新的、更加复杂的特点，网络学习心理素质的优劣也会直接影响网络学习的质量。网络学习以大学生的自主学习为主要特征，网络学习的有效性不仅依赖于网络环境为学习提供的潜力，更重要的是，网络学习的环境与过程必须与大学生的内部心理特征相适应，才能形成良性互动，产生最佳的学习效果。因此，优化大学生网络学习心理素质，首先应该树立新的学习观念；其次应该从教育者和学习者两个角度来探索优化大学生网络学习心理素质的途径，建立网络学习策略，引导大学生建立网络学习的良性循环，以提高大学生网络学习质量与效率。

1. 树立新的学习观

（1）学会学习观。学会学习观强调科学的学习方式、方法、程序、步骤不是天生而来的，也不是自然而然就会的，它应该是学习者在学习实践中自觉去摸索、探讨、研究，并不断地借鉴和吸收他人成功的学习经验、方法，然后应用到自己的学习过程中，最终形成自身科学有效的学习方式方法的过程。学习能力的强弱高低需要在后天实践中自觉培养。学习能力是现代人才中一个非常重要的能力。在各级教育体系中，特别是高等教育阶段，大学生应该把自觉培养和提高自身的学习能力，努力"学会学习"贯穿于网络学习的全过程中。

（2）全面学习观。全面学习观强调人才必须全面发展，因此，学习也应当是全面学习。一是学习的基本要求是"德才兼备"，既要学习科学文化知识和专业技术知识，又要学如何做人。在"德"与"才"中，"德"是放在首位的。我国的教育方针是培养德、智、体、美、劳等方面都得到发展的社会主义建设者。大学生们应当使自己成为诸方面协调发展的人。二是在学习过程中，不但要获取知识，更要注重培养学生运用知识的能力。学以致用是学习的最终目的。在当今时代，能力比学历更为重要。三是在学习过程中，要处理好"博"与"专"的关系。大学生作为未来的高级专门人才，先要有广博的科学文化知识基础，知识面要宽，兴趣要广泛，在此基础上，成为某领域的专门人才。没有"博"，就难以"专"。历史上许多有成就的学者都是博专统一的典范。作为大学生，应当把握时代的脉搏，通过现实学习和网络学习，努力拓宽自己的知识面，培养自己在多学科领域的广泛兴趣，注重提高自己的综合素质，才能适应社会不断发展变化的需要。

（3）自主学习观。自主学习观强调大学生在教师的指导下应充分发挥自己的主观能动性，积极主动地、有主见地学习。由于时代的发展，知识总量在不断剧增，知识也在不断更新，学习内容越来越多，学习任务日益繁重。而大学生在校学习的时间是有限的，过去那种单纯依靠教师传授知识的学习方式已不适应时代需求了。学生是学习的主体，应当尽快培养自己独立获取知识和运用知识的本领。要根据学校教学计划规定的基本任务和要求并结合自身具体情况确立学习目标和学习内容，并学会在整个学习活动中进行自我控制，保证学习活动的正常进行，使网络学习收到更好的效果。

（4）创新学习观。创新学习观要求大学生创造性地去学习。大学生是未来具有创新精神的高级专门人才。因此，在网络学习中大学生要不断激发自己的创新意识。不轻易相信现成的结论，不盲从他人；敢于突破传统定式，结合学习，加强创造性思维的训练；要敢于思考，善于思考，大胆想象。在分析问题和解决问题时，要力求有自己独特的见解，力求从不同角度看待问题，用多种方法解决问题，从而在学习知识的同时，培养和提高自己的创造性思维能力。

（5）终身学习观。终身学习观指的是学习始终贯穿人的一生的观念。大学生在学校所学的各种知识和技能毕竟十分有限，不可能完全满足今后长期工作的需要，这就需要人们经常不断地学习，以适应社会的必然变化。终身学习已经成为人们普遍接受的学习观念，成为人类生存和发展的必要条件。

2. 构建网络学习导航体系

网络时代的大学教育面临新的挑战，必然要求教育者角色更深层次上的重塑与转换。当网络学习逐渐成为大学生的重要学习方式时，大学教育者需要既不放弃自己的原有角色，也不对信息技术盲目崇拜或排斥，而是不断整合新的角色以重构教师角色体系。在信息社会化大背景下，应以学校教育者为主体，建立网络学习导航体系，预防和化解大学生在网络学习中的问题。

（1）提高师生交互质量。教育者应在施教系统取得技术支持，构建稳定安全的交互平台，利用网络提供的信息流和网络学习方式及网络交互活动的重要特性，组建网络交互学习共同体。其操作过程应该包括：教师应该针对不同的学习目标，不同的学习者制订不同的学习策略，恰当地把学习目标分解为子任务，引导学习者自主选择任务和与其他成员之间进行交流，对学习者的学习活动提供引导和反馈，对共同体内部各种形式的交互行为进行管理和监控，关注交互质量，以满足大学生网络学习的交互需求，并在现实环境下给予个体或小组进行评价，培养大学生的团队精神，避免信息泛滥，减少虚拟空间与现实社会之间的差距，

第四章　互联网时代网络素养的培育与道德提升

化解由此带来的心理矛盾；使师生之间、学生之间的交往关系更趋平等、融洽、宽容、和谐。

（2）有效预防大学生信息迷航。引导并帮助大学生建立网络系统知识和相关的主题知识，有效预防信息迷航，提高网络学习质量。对于学习者来说，学会搜索信息和筛选信息是网络学习有效进行的基础技术条件。一方面，教育者应结合信息技术课和其他学科教学，使大学生熟练掌握计算机操作和网络浏览等基本技能，帮助大学生迅速定位和进行有效操作，尽快地进入网络学习状态。具有丰富的相关的主题知识能帮助大学生选择更有效的关键词和专题术语进行信息检索，整合新旧知识，提高网络学习效果。另一方面，若将专家和新手学习进行对比，由此可见，专家能根据信息的内在深层结构进行组织，而新手主要根据信息的表面特征加以组织，因为专家拥有组织合理的概括的认知结构，能在抽象的结构水平上注意到问题间的相似性，并且较少受到表面特性的干扰，而新手则根据外显的表面线索形成表象，并以此作为提取线索；教育者应引导帮助大学生梳理经验，让大学生在面对浪潮般的信息流时，能依据自己的需要和既定的目标，自主地迅速提取、整理、组织和分析，从而有效预防网络所带来的问题。

（3）努力倡导主流价值取向。正视并疏导多元价值观影响，倡导主流价值取向，促使大学生顺利实现政治社会化，是建立网络学习导航体系不可忽视的问题。网络背景下各种社会思潮十分复杂，包括新自由主义、民主社会主义、后现代主义等。各种思想文化相互交融，在不同的时空以各种形式渗入大学生的学习和生活，主流价值领域中的集体主义价值观和社会主义核心价值观受到了前所未有的影响，尤其在个人主义的影响下，大学生在价值判断上容易陷入迷茫。其实，社会现实客观存在的多元价值观是事实，是一种"实然"，而主导价值观则表达了一个社会主张什么、倡导什么的一种价值引导，借以确立人们应有的理想、信念和标准，是一个"应然"的范畴，"应然"基于"实然"，又必须超越"实然"，引导"实然"。对此，解决我国当代大学生文化选择、文化认同压力的主要思路，应按照"主导—继承—借鉴—参照—批判"的综合策略，采取开放和民主相统一、主导性和多样性相统一的原则，明确道德教育的内容，培养学生的多元文化意识、道德判断能力，形成社会主义核心价值观，发扬大学教育对大学生价值观形成的启蒙、规范和引导功能，推进大学生政治社会化进程，同时加强网络文化建设。

（4）培养大学生自我效能感。自我效能感指人们对自己是否能够成功地从事某一成就行为的主观判断。网络学习自我效能感，是指个体的网络学习信念，即学习者对自己能否有效使用计算机、因特网以及其他现有的资源工具，利用所拥有的能力或技能去完成网络学习的自信程度的评价，是个体对控制自己网络学习行为、完成网络学习任务能力的一种主观判断。培养大学生的自我效能感，能促进大学生网络学习动机与学习效果的正相关。教育者可以在对大学生进行工具系统知识培训的基础上，通过自身在课堂上展示网络学习的经验，采用灵活多变的学习形式，建设与大学生知识水平相应的民主、和谐的学习情境，在网络学习中建立激励性的、多元化的学习评价制度等措施，提高大学生的自我效能感，从而影响他们对行为的选择，以及对该行为的坚持性和努力程度，进而影响新行为的习得，促进网络学习动机与学习效果正相关，继而激发新的学习动机，使大学生在网络学习的过程中进入良性循环。

（5）提高大学生网络元认知能力。提高大学生网络元认知能力，培养大学生信息素养，也是建立网络学习导航体系的重要问题。网络元认知就是元认知在网络学习这个自主学习环境中的具体应用，是学习者对自己网络认知活动的自我认识和对网络学习活动的自我调节。在网络学习中学习者的元认知能力主要表现为：学习者能否把握学习目标，确定下一步的学习计划；能否意识到自己在学习中所处的系统位置，有效筛选信息，控制学习活动免受无关信息的干扰；能否依据自身的认知风格，选择适当媒体呈现的学习内容；能否反省学习效果，不断调控和完善自己的学习方法和学习手段，形成最适合自己个性特点的行之有效的学习方法等。教育者在教学实践中应注意实施强化网络学习意识、开展网络协作学习、培养学生网络定位感、加强对网络学习元认知的指导。教育者还应在网络学习过程中进行网络元认知监控能力的训练，以提高大学生的网络元认知能力。同时，还要培养学生信息素养，普及信息知识，树立大学生的信息意识，提高大学生的信息能力，培养大学生的信息道德，以降低由于网络信息和虚拟空间本身特点所带来的心理风险。

3.加强网络学习能力建设

对于大学生网络学习而言，大学生具有比中学生更强的个性意识，已经形成了初步的人生观、世界观和价值观。因此，健康学习心理养成的关键还是要靠大学生的自我完善、自我调节和自我强化。

（1）正确认识网络学习。网络学习方式是大学生适应信息社会要求而进行

第四章　互联网时代网络素养的培育与道德提升

选择的、传统学习方式不可比拟的一种学习方式，但是它绝不可能替代传统的学习方式。

第一，网络认知的获得阶段其思维编码活动效率没有传统认知高。在网络传播中，主要是文字图像信息，教育者的语言信息和教育环境的情景信息是缺少的，因此，网络受众不能利用多种感知手段获得表象，丰富自己的想象力，难以促进形象思维和抽象思维同时发展。

第二，网络认知有限的心理能量无法应付超量的信息。学习者利用网络搜索某一信息时，网络即时提供从国内到国外、从文字到图片、无所不有的相关信息，而翻阅这些信息材料需要消耗较多的心理能量，对学习者产生额外的认知负荷，从而干扰了认知的加工，影响认知效果以及学习任务的完成。

第三，网络认知的回忆、概括、作业和反馈阶段都是一晃而过，信息加工的程度不够。认知心理学表明，加工越充分的材料越能形成良好的记忆。教师在传统课堂上呈现的信息相对来说较少，可以有较多的时间对于学习的内容进行深层次的加工。使用印刷材料时，人们随时可以对于内容进行深层次的加工，包括做标记、注释、总结、对比、画图表、写评价等。而网络上的阅读更多是对文本浮光掠影的浏览，是一种快速的视觉搜索，将增加理解认知材料的困难。

所以，网络学习仅仅是大学生学习方式的一种更新，是适应信息全球化的一种新的技术手段，它虽弥补了传统学习方式的某些不足，但决不能盲目地以此完全代替传统学习方式。

（2）提高自主学习能力。作为中国网络社会的"网络原住民"，"00后"大学生群体见证了中国互联网发展的全过程，是在网络社会中成长起来的，在看待、应用、使用互联网方面，"00"后大学生有着一些基本的特征。但大学生的个体差异仍不能忽视。每个大学生都应根据自身的客观因素和实际情况来分析自身的优点和缺点，分析自身的优点与缺点，选择哪些知识是自己可以提高学习起点的、哪些知识是自己要从基础补充的，调整自己的适应状态，趋利避害，有目的有针对性地提高自身的自主学习能力。

（3）树立积极的网络学习动机。总体而言，大学生上网有积极的心理需求，包括求知欲与好奇求新、自由平等的参与意识与自我实现欲望、追求开放性和多元性等；也有消极的心理需求，包括猎奇心理，追求感官刺激、急功近利心理、发泄欲求、逃避现实的解脱心理、虚拟的自我实现心理等。积极的心理需求常伴有良好的学习效果,而消极的心理需求将导致大学生心理障碍的产生。

第一,明确学习的目的和意义,这是培养和激发网络学习动机的首要条件。只有把自己的学习与社会的需要密切联系起来,看到自己学习的价值时,才会有责任心和使命感,学习动机也会更为强烈。因此,同学们应多参加一些社会实践,了解国情、民情,了解自己所学专业对社会的作用和贡献,并将所学专业知识服务社会、发现问题、解决问题,这样才可以激发强烈的以学习的社会意义、人生意义为动力的学习动机。

第二,培养学科兴趣。兴趣是最好的老师,对自己所学专业的兴趣的培养主要应从两个方面入手:①明确这一学科、这一专业的社会意义,了解这一学科对自己的专业学习、素质提高所具备的作用,从而培养间接兴趣。大学生进入大学后,应尽可能地在学校组织的专业教育以及与学长的交流中积极去了解自己选择的专业,包括专业所在的学科,专业结构、理论动态、科技前沿等与自己密切相关的知识,树立专业学习目标。②带着问题去学,通过独立思考解决问题,将间接兴趣渐渐转化为直接兴趣。关注与专业相关的职业以及与职业生涯发展的相关信息,树立正确的知识观、学习观。在接受课堂教学后,带着对学习目标的思考产生网络学习需要,激发强烈的网络学习动机。

当然,在网络学习的同时,还要不断分析、了解自己上网的原因和目的,了解网络对自己真正的意义,并了解哪些状态是促进上网的因素,在自己想接触不良信息之前告诫自己它的危害,尽量约束自己的不良行为并建立正向的提醒。

(4)努力提升网络学习能力。大学生应积极配合教育者网络学习导航体系的培训与引导,提升网络学习能力。大学生是网络学习的主体,是网络学习方式的最大受益者,也是网络学习消极影响方面的主要承受者。只有积极投入到教育者构建的导航体系的学习中来,增强自身的网络元认知能力,提高自我效能感和信息素养,加强时间管理意识,锻炼理性整理、组织、利用各种信息的技巧能力,提高对不良信息的免疫力,才能在获得良好学习效果的同时避免受到伤害,从而促进大学生全面健康的发展。

(5)注意网络学习中的科学用脑。

第一,劳逸结合,注意用脑卫生。首先,要注意学习和休息的张弛有度。要知道不懂得休息的人也不懂得学习,连续学习,不仅降低效率,还易导致神经衰弱等躯体病症;其次,注意大脑营养,保持充足睡眠;最后,适当参加文体活动,提高大脑工作效率。长时间上网是有害大脑健康的。

第二，合理安排，注意用脑时间。用脑时间安排应注意个体生物节律的作用。所谓生物节律，是指个体智力、体力、情绪等有规律地周期性波动，从而形成"高潮期""低潮期"和"临界期"三个阶段的依次交替现象。它是兴奋和抑制相互诱导规律的具体表现。利用生物节律是保持良好精神状态，从而有效地在有限时间内以有限精力获得良好的网络学习效果的一个重要因素。

第三，优化机制，注重用脑质量。网络学习过程实质上是大脑对信息的接受、筛选、储存和反馈。人们在对外部信息的认知建构中，存在着两个相互对立又相互依存的机制，当主体无须调整和改变原有的认知结构，就能够在思维中吸收、同化和包容这一外部信息，称为同化机制。而当外部信息不能与认知结构中原有的图式相吻合，而必须对其进行调节、补充乃至改组，以最终顺应对该信息在认知结构中予以吸收的功能要求时，称为顺机制。皮亚杰还指出，如果学习中同化机制过强，则顺化机制相应趋弱。平衡和协调认知结构中同化和顺化机制的功能，优化认知机制，提高用脑的质量，对于网络学习也是非常重要的。

第五章　互联网时代信息素养及其道德意识培育

良好的信息素养是互联网时代对社会人才的核心素养要求，是教育适应信息化社会的必然要求，也是促进学生全面发展的关键能力要求。基于此，本章主要探讨信息素养及其构成与表征；信息素养培育的现实价值；信息素养培育的具体实施方法；信息素养提升中道德意识培育；互联网时代信息素养评价体系。

第一节　信息素养及其构成与表征

一、信息素养的认知

随着社会的发展，互联网与人们生活的各个领域联系越来越密切，信息素养对个人和社会的发展越发重要。信息素养不仅会成为当前评价人才综合素质的一项重要指标，而且将影响信息时代每一个社会成员的基本生存能力。要想准确把握信息素养的结构，明确培养学生信息素养的基本策略，就需要理解与认识信息素养的基本内涵。

（一）信息素养的起源

信息素养这一概念最早源于西方，从图书检索技能演变发展而来，图书检索技能主要是利用图书馆的相关知识和技能，并借此知识和技能得以解决相关问题或者做出决策。

信息素养与信息传播媒介紧密相关。每一种媒介都为思考、表达思想和抒发情感的方式提供了新的定位，从而创造出独特的话语符号。获取、组织和传递信息的媒介不同，相应的信息素养也就有所区别。在古代，信息主要被记载在甲骨、竹简、木板、锦帛、泥板等上，在造纸术特别是印刷术发明之后，由于便于携带、读写、复制和保存等特点，文字成为信息的主要载体，纸质文献就成为记录和传播信息的主要途径。在此阶段，获取信息的最重要途径是图书检索技能。随着时代的发展和进步，信息化进程不断加快，信息技术特别是网络互联技术，逐渐成为现代社会发展中重要的生产力，并日益成为影响经济发展的关键因素。在互联网技术时代，信息传递的媒介已经由文字逐步转变为图像，基于印刷术的信息素养已经让位于基于互联网技术的信息素养。在这种背景下，信息服务的提供者不再局限于图书馆此一机构，信息产业逐渐形成，信息经济在国民经济中开始占主导地位。随着社会经济的不断发展，在生产领域、教育科研、医疗卫生、政府和企业管理以及日常家庭中，信息技术日益发挥着广泛而深刻的影响。在此背景下，传统的图书检索技能已不能满足获取信息、处理信息的需求，"信息素养"由此应运而生。

（二）信息素养的界定

从词源学角度来看，信息素养的英文是"Information Literacy"。"literacy"来自另一词汇"literate"，而"literate"又来源于拉丁语"literatus"，原意是有学问（learned），后演化为识字、有读写能力。但是，由于信息与媒介紧密相关，媒介的性质决定了信息来源、获取手段等。因此，对信息素养的界定需要历史地分析，具体可以归纳为以下三种。

1. 信息素养的技能说

一般认为，技能是执行某种任务时的活动方式。《教育大辞典》将"技能"定义为主体基于已有的知识经验，通过练习而形成的处理某种任务的活动方式。就信息素养而言，从技术角度可以定义为"利用大量的信息工具及主要信息源使问题得到解决的技术和技能"[1]。目前，学术界一直聚焦图书馆情报工作领域展开对信息素养的研究，主要考虑的是信息资源的来源、信息的掌握、运用信息解决问题等，基本都是处理问题的技巧层面。

2. 信息素养的能力说

随着互联网技术发展，人们对信息素养的涉及领域迅速拓展，已由图书馆情

---

[1] 靳玉乐，张铭凯，郑鑫.核心素养及其培育[M].南京：江苏人民出版社，2018：57.

报学转向互联网。在这种背景下,信息素养技能说受到挑战。相较而言,信息素养技能说只注重信息素养的功用价值。在信息来源日益多元化,信息量与日俱增的情况下,人们在利用信息工具解决实际问题的过程中必然面临其他问题,例如,如何在浩如烟海的信息当中选择有价值的信息;如何对信息进行评价;等等。面临诸如此类的问题,建构一种新的信息素养说已经迫在眉睫。

信息素养能力说强调过程型和任务驱使型技能,着眼人在面对信息时的定位、评价、有效利用。概括而言,信息素养能力说主要特征在于强调信息的确定、获取、评估、整合、利用和理解,即确认什么时候需要信息并准确定位,运用信息以解决问题。

3. 信息素养的复合说

当今社会已经是一个信息特征极其鲜明的社会,脱离互联网技术而独自存在的领域已经微乎其微。在这样一个信息社会,互联网技术已经不仅仅是人们解决问题的一种手段,更成为一种价值体系。互联网技术渗入生活所带来的直接影响就是生活的日渐虚拟化。面对日渐虚拟化的日常生活,仅仅将信息素养视为解决问题的能力已经不能满足社会的快速发展。在这种背景下,信息素养已经不单单是作为一种解决问题的能力,更是人的整体素养的集中体现。在这种背景下,信息素养复合说也就应运而生。

信息素养复合说在重视传统的信息能力问题的同时已经开始意识到信息伦理问题。换言之,信息技术也好,信息能力也罢,都不是一个纯粹的技术问题。这就赋予信息素养以伦理的新内涵。众所周知,伦理是存在于人与人之间的。从这种角度看,信息素养复合说将信息素养视为内在于人的一种整体素质之体现,这与信息素养技能说、信息素养能力说的价值立场形成鲜明对比。

综上所述,核心素养是一个动态发展的综合性概念。从聚焦领域而言,信息素养已经突破图书馆研究领域,不再是情报学研究的专有名词。在一个信息社会,信息素养无处不在。从研究取向来讲,信息素养不再是价值无涉的中立技术取向,而是包含了信息伦理在内的人的素养的集中体现。因此,信息素养既要体现技术作为人类生活的一种手段或生活方式,也要体现人类利用技术的价值取向。换言之,信息素养是包含了信息技术之"术"和信息伦理之"道"的复合体。概言之,信息素养是指个体在信息社会中运用现代信息技术获取、利用、开发、评价和传播信息的能力与修养。

二、信息素养的构成

目前学界关于信息素养的研究已取得了较多的成果，然而，由于不同学科专家对于信息素养的研究多局限于自己的研究领域，如技术学、心理学、社会学、文化学等，致使学界对信息素养的定义、结构等尚未形成统一的认识。但总体而言，一般是从技术和人文两个向度来对信息素养进行界定的。具体观之，从技术层面来说，信息素养反映了个体利用信息的意识和能力，如能够有意识地抓取自己需要的信息，能够熟练地搜索信息等；从人文的角度来说，信息素养所指的是个体在处理信息时内心的状态，如面对信息时，心理状态是符合伦理道德的，能够认识到信息对个体、对社会的重要性。具体而言，信息素养体现在以下四个方面。

（一）信息意识方面

"信息意识是指人们对信息的敏感程度"[1]，可从对外界、自身以及与有用信息三个方面的敏感程度来划分。它主要表现为对外界信息、对自身信息以及提取有用信息的敏感程度。第一，对外界信息的敏感程度表现为能认识到信息的重要性，愿意接受和学习新兴信息技术，并且能够意识到当代世界的变化，对于信息社会而言，知识的更新速度加快，对于当代世界的变化要做到心中有数。第二，对自身信息的敏感程度表现为两点：首先，对自身变化的敏感程度；其次，对自身所需信息的敏感程度。即我们要意识到自己现在是怎样的；我们现在需要哪些信息。第三，提取有用信息的敏感程度，是我们在了解当代信息水平以及自身信息水平的基础上，可以对信息社会中对自身有用的信息有很强的敏感性。以上是对信息意识三个方面抽象的描述，在具体的现实生活中，信息意识是直接具体的。简单而言，信息意识就是在面对自己不懂的事物时，有意愿并且能够自觉积极主动地去了解，如可以从别人认为无意义、无价值的信息中，发现其中的价值；可以用好奇的眼光去探索周围的事物和信息。

（二）信息知识方面

信息知识是指一切与信息有关的知识，为信息知识包括信息基本理论知识、现代信息技术知识、信息伦理知识以及信息传播的知识。第一，信息基本理论

---

[1] 龙丽嫦，曾祥潘，简子洋.用技术解决问题——教师信息素养88个情景实例[M].广州：暨南大学出版社，2014：3.

方面的知识包括信息的本质、特征，信息系统的结构、工作原理及原则等。第二，现代信息技术知识包括计算机基础知识，计算机的基本构造、计算机的工作原理、计算机的硬件和软件等网络知识（网络基础理论知识、网络应用工具的使用要领、网络信息检索知识等）；多媒体知识（多媒体技术的概念、特点，各类型的多媒体软件以及计算机辅助教学的工作原理、类型等）。第三，信息伦理知识包括信息知识产权及正确运用信息网络等方面的相关法律条款，对安全信息知识的相关规定等。第四，信息传播的知识是指信息交流过程中需要用到的语言等方面的知识。

（三）信息能力方面

狭义上的信息能力包括信息技术操作能力和运用信息技术解决问题的能力。换言之，信息能力包括信息获取、筛选、加工、生成和交流等方面。广义上的信息能力，除包含上述能力外，还包括语言能力、思维能力、观察能力、判断能力等对信息能力有间接影响的各方面能力。从信息与个体发生作用的过程角度来看，信息能力可以分为四种，即获取信息、处理信息、生成信息和运用信息工具的能力。获取信息的能力是指利用一定的方法或技术手段从外界获取所需信息的能力；处理信息的能力包括对获取到的信息进行筛选、加工、处理的能力，特别是当很多有价值信息是隐藏在其他信息之中时，需要个体能够充分发挥逻辑思维，准确有效地将无效甚至错误的信息加以剔除；生成信息的能力是指对筛选过的信息进行内部消化，从而产生新的信息的能力，此种能力体现了信息的生成性；运用信息工具的能力是指能对包括图书馆、计算机等可获取信息的工具进行运用的能力，特别是在当今信息时代，新知识不断涌现，学会熟练运用计算机，才能在信息的大浪潮中游刃有余。

（四）信息道德方面

信息道德是指在信息的处理环节中，用来规范这个过程的各种社会关系的道德意识、道德规范和道德行为的总称。道德意识表现为个体在与信息活动的各个环节中有意识地遵循社会道德；道德规范表现为人们共同承认和遵守的一定的道德原则；道德行为就是个体做出的符合道德的行为。简单而言，信息道德就是个体在信息活动的各个环节自觉地遵守道德规范，并使自己的行为符合道德规范。遵守信息道德要求我们要处理好自身与信息、自身与他人和自身与国家三方面的关系。首先，处理好自身与信息的关系是指我们要用合理的方式收集信息，不能对信息进行随意的加工等。在收集信息时，不能对信息进行破坏，要对信息进行整体、深入地收集。其次，对于自身与他人的关系而言，我们不能随意窃取他人信息，不能利用信息对他人进行人身攻击等，不能损害他人利益。最后，关于自身与国家的关系而言，我们不能制造、传播于国家不利的信息，也不能对国家的各种信息渠道进行破坏等。

三、信息素养的表征

大学阶段的学生经过幼儿、儿童和少年期的连续发展，青年初期的个体在生理发育上已基本成熟，心理各方面表现出丰富而稳定的特点。大学生在生理、智力和心理等方面已经与成人很相似了，所以，对于大学生在信息素养方面的要求也就更高。首先，大学生要有较强的信息意识，要结合自己的学科知识，知道自己需要的内容；其次，大学生要能够利用现代信息技术从更多的渠道收集信息，并能够将收集到的信息很好地运用到自己的学习和生活中；最后，大学生要能够对信息进行更深层次地加工和利用，对信息的处理更加专业和高效，有将信息传播给更多人的意识和行为。总而言之，大学阶段是信息素养从不成熟走向成熟的过渡期，学生在意识和能力方面都在进行深化和加强。

第二节 信息素养培育的现实价值分析

随着现代社会的快速进步与发展，信息日益成为我们日常生活的核心组成部分。在信息化时代，信息所展现出的不仅是一种资源，其在现今社会已经发展成为较为成熟的产业。并且，随着社会的发展，信息产业在国内生产总值的比重越来越大，其在创造产值的同时，也创造了更多的就业机会。与此同时，信息技术与人们的日常生活、学习越来越密切相关，只有具备了信息素养，公民才能有意识地按照社会需求和自己的需要自觉地、积极主动地学习新知识和掌握新技术，以提高自身的综合素质，进而才能从容不迫地应对信息时代里纷至沓来的各种严峻挑战。综合分析可以发现，信息素养的价值主要体现在以下方面。

一、有助于推进教育的深化改革

作为一种高级认知技能的信息素养，在现今教育场域中扮演着日益重要的角色。信息素养在教育教学改革过程中具有重要的价值作用，具体如下。

（一）信息素养是教育改革的核心

当信息成为一种社会资源的时候，信息素养就决定了信息资源的数量与质量。从信息素养的定义发展中可以看出，信息素养已经从对技能、能力方面的关注转向了对人的素养发展方面的重视。我国的教育目标是要培养德、智、体、美全面发展的人，而在信息化时代，培育学生的信息素养就成为实现教育目标的核心途径之一，信息素养也成为学生核心素养中不可或缺的组成部分。信息素养教育注重学生的个性发展，强调学生自主进行学习、主动对问题探究、积极思考问题、勇于创新。它是一种在信息化环境下培养学生的信息意识、信息知识、信息能力和信息道德，并激发学生智慧和潜能的活动。

从信息素养教育的要求来看，信息素养的掌握是一个人具备独立自主学习和终身教育的前提基础和必要条件。信息素养涉及的内容是多方面的，但其核心主要体现在两个方面：一方面，随着人们对信息素养研究的深入，认识程度在不断地提高，信息素养已经从信息检索技能发展成了人的基本素养之一，如何提升人们的信息素养，成为当今时代教育的必然之思；另一方面，由于信息技术的飞速发展和广泛运用，信息技术与很多行业都产生了必要的关联，这使得信息数量呈现出爆炸式的增长，如何在复杂、繁多的信息中提取必要的内容，成为人们生活于现今社会的一大挑战。信息时代的到来，为教育的发展提出了相应的挑战，与此同时，也推动着教育的不断变革。在未来教育教学过程中，如何将信息素养的培育融入其中，是教育变革不可回避的重要问题。

（二）信息素养有效推进教育改革

信息素养不仅仅是单一能力的体现，其更是一种综合能力的展示。作为一种综合能力，信息素养不是可有可无的，它与我们的各种能力通过各种各样的方式产生联系，也是我们将各种能力共同发挥作用的良好纽带。在教育教学改革过程之中，信息素养的培育，有利于提升学生的时代感和敏感性，进而为教育改革的有效推进提供助力。与传统的讲授式教学方法不同，在新课程改革推进过程中，教师经常会采用启发探究式的教学方式，即教师给学生一个主题或问题，通过小组作业的形式，让小组的同学通过课下查阅资料对这个主题进行诠释或者是尝试对问题进行解答。在这个过程中，学生要运用到收集、整理、分析、运用信息以及团队合作等方面的能力。在此过程中，通过对主题的分析确定自己需要哪些信息，运用恰当的方式去获取信息，结合主题对收集到的信息进行筛选，对分析整理过后的信息进行再整理并形成文字或者对问题进行解决，得到一个较好的任务结果，这些都是信息素养的体现。所以，一方面，信息素养的提升带动了学生各方面能力的发展，为学生综合能力的提升提供基础；另一方面，为培育学生信息素养所做出的改进措施，例如，改善教学环境条件、利用多媒体资源进行教学等，这些有利于培育学生信息素养的措施也能够促使其他学科改变教学内容和教学方法，在很大程度上也能推动教育改革的进行。

二、有助于促进学生的健全发展

促进学生的健全发展是教育发展的核心目标，同时也是教育教学有效进行的核心和基本落脚点。信息素养的培育有利于教育改革的深化推进，但其关键之处在于促进学生的健全发展。

（一）促进学生学习能力发展

网络信息技术的飞速发展和广泛应用，已在教育领域惊起千层浪。信息素养的提高对学生的学习能力有着直接的促进作用。在现今教学过程中，微课、慕课、翻转课堂、云课堂以及各种新媒体的视听课程相继出现，课堂教学已经不再是获取知识的唯一途径和方式。不仅如此，有条件的学生能够利用信息技术进行资料查询以完成课后作业或者是预习新课。以上网络信息技术给学生学习方式带来的变化，让学生的学习能力有了很大的发展，特别是有利于学生自学能力的发展。培养学生自学能力的前提就是要培育学生良好的信息素养，学生可以清晰地了解自己的信息需求，在此基础上确定信息源，然后根据自己的需要对信息进行筛选和处理，组织信息，最终达到解决问题或者生成新信息的程度，所有这些都让学生成为主动学习的学习者。现代社会的信息化和网络化为学习者提供了更广泛的学习内容、更多样的学习方式和更自由的学习时间，为学生的终身学习奠定了良好的基础。这样的信息环境和网络环境，不仅让培养学生的信息素养刻不容缓，也让终身学习的实现具备了更加有利的条件。

（二）促进学生学习内容多样化

以往的教学内容基本都是书面的，教师按照书本上的内容照本宣科，学生也认为只要掌握了书本上的那些知识，就可以成为一名成绩优异的好学生。但是随着信息时代的到来，很多教师发现在教学时很困难，因为学生对于书本上的知识已经不再满足，他们会提出许多教师可能听都没有听过的问题，这时教师的专业素养便受到了挑战。所以，提高教师的信息素养水平，丰富教学内容是信息时代不可回避的问题。

当一名教师具备了较高的信息素养，他可以提高自己的学习能力。成为一名教师并不意味着学习的结束，而是要实现终身学习。教师在不断学习的过程中不断提升自己的综合素质，这是教师上好一堂课的前提条件。其次，一名具备较高信息素养的教师可以将书本上的知识进行延伸拓展，这样既可以满足一些学有余力的学生又可以将书本知识与其他方面的知识进行联系。最后，一名具备较高信息素养的教师可以将教学内容的呈现更加多样化，如讲到"马"这种动物的时候可以用图片、视频等方式将马更加直观地展现在学生眼前。

（三）促进学生创新能力发展

创新是民族进步的核心，是国家兴旺发达的不竭动力。在强调创新的时代，没有创新能力就意味着失去了生机与活力。培育学生的创新意识与创新能力，是社会发展的迫切需要，同时也是当前教育改革的焦点问题。学生的创新能力一方面与其智力水平有关；一方面也与其所接受的教育密不可分。信息素养理念的提出与发展，为打破传统教育开阔了重要视野。随着互联网技术的迅速发展，具备良好信息素养的人能够自主获取广泛、多样的知识。有鉴于此，提升学生的信息素养，可以在促进学生掌握知识的同时，开阔学生的视野和眼界。国家的进步与发展需要创新，而学生的成长同样需要创新。创新能力的培育与发展，需要学生在掌握众多的信息以后，对已有信息再利用和开发而形成的一种独有的具有新意的信息。从这个角度而言，信息素养的培育和提升对于学生创新能力的发展是极其重要的。

第三节　信息素养培育的具体实施方法

在当今飞速发展的信息时代,信息素养已成为每一个人必须具有的基本素质。信息素养对个人的发展、科学进步及社会进步都具有重要价值。培育学生的信息素养是教育这一巨大系统工程中的一个子系统,不是短时间内就可以完成的,除了政府给予财政支持和政策支持外,更需要学校和家庭两方面共同努力。鉴于此,本书将从学校、教师和家庭三个层面出发,探讨信息素养的培育方法。

一、构建支持性的学校教学环境

学校是专门培养人的机构,学校的一切活动都围绕着如何培养人而开展。具有较强目的性、系统性、选择性和专门性的学校教育对学生的发展起着主导性作用。具体到培育学生信息素养方面,学校应该为学生发展信息素养提供良好的教育教学环境,包括为学生创造良好的学习氛围、充分发挥图书馆在培育学生信息素养过程中的作用、为教师提供提升信息素养能力的机会等。

(一)为学生创造有利的学习氛围

良好的学习环境有助于学生信息素养的培育和提高。学校要充分利用相关教育经费,改造和完善软硬件设施,完善校园网络文化、多媒体教室、电子阅览室等各方面的建设。同时,要全面加强校园网络的管理,采取相关措施,以防学生访问不利于学生身心发展的不良信息,为信息素养的培育构建一个健康绿色的环境。校园文化活动是校园文化的一部分,校园文化活动是学生展示自己实力的舞台,学校或者班级可以组织以信息技术为主题的实践活动,来激发学生收集信息的兴趣,培养学生收集信息、筛选信息和利用信息的能力。例如,可举办"我们的传统节日""我们的母亲河""如何保护我们的自然家园"等主题活动,这些活动贴近同学们的生活,更能激发学生们的兴趣,积极参加活动,为培育其信息素养提供良好的途径。同时,也可举办信息技术类的竞赛,如"我是电脑小专家""带音乐的相册"和"校园PPT"大赛等,不仅能够督促学生学习和探索信息技术,并且给了学生一个将知识和能力结合的机会,与他人分享自己的劳动成果。

(二)利用图书馆促进学生信息素养

充分发挥图书馆的重要作用,是培育学生信息素养的重要辅助方法。高校学校图书馆可派专门人员为学生做培育学生信息素养系列讲座，层层递进，逐步提高，以培育学生的信息素养。首先是培养学生使用图书馆的基础能力，介绍包括图书馆布局、馆藏和联机使用等；其次是网络工具等软件的使用，包括搜索引擎和网络浏览器等；最后则是如何选择信息，对信息进行筛选，选择出所需要的信息。另外，还要培养学生良好的网络道德和法律意识，加强学生网络安全观念和自我保护意识。

（三）给教师信息素养提升创造机会

在科学技术快速发展的今天，教师不仅仅肩负着授业解惑的重任，还对学生有榜样示范作用。教师所具有的素质，对学生有非常大的影响，甚至能够影响学生的一生。在培育学生信息素养的过程中，教师的信息素养对学生信息素养的培育有重要的影响作用。然而，在现今教育教学过程中，教师缺乏应有的信息素养，对信息素养的重要性认识不全面，不重视信息素养的培育，这些偏颇错误的观念极有可能会直接影响到学生对信息素养的认知。如果信息技术教师的专业能力不高，在教学过程中，按照教科书照本宣科，就无法提升到学生信息素养培育的高度，学生在实际情境中遇到问题还是不能运用技术来解决。这样的教师难以培育学生的信息素养，所以，需要学校组织专门人员对教师进行有针对性的培训，让具有高水平信息素养的教师来培育学生的信息素养。

二、提升教师自身的信息素养

教师自身能力的高低，是教学成败的关键所在。在培育学生信息素养过程中，必须重视教师自身信息素养的提升。

（一）更新教师信息素养的观念

有怎样的价值理念，就有怎样的实践作为。教师秉持恰当的信息素养观念，对于教师正确培育学生信息素养具有指向性作用。然而，囿于传统教育价值理念的制约，部分教师只关注学生的成绩，认为学生能够运用搜索引擎查找相关资料，能够运用计算机进行文字处理就是具有信息素养了。这种观念都具有片面性，没有正确理解信息素养的内涵。教师要具有全面正确的学生信息素养培育观念，对信息意识、信息知识、信息能力和信息道德有正确的认识。教师具有正确的信息素养观念是其有效培育学生信息素养的前提，只有正确认识信息素养，教师才能在日常的教学活动中恰当地采取培育信息素养的策略，有效培育学生的信息素养，促进学生信息素养水平的提升。

（二）注重教学方式的合理运用

信息技术课程是培育学生信息素养的主要载体，在该课程实施时要注意以下两个问题。

第一，课程内容选择和实施要结合学生的实际。信息技术课程的课程内容和实施过程中要充分考虑到学生的身心特征、知识储备和能力水平，切忌偏、难、旧、繁。在课程内容选择上，选择与学生学习阶段特点相符合的。与此同时，可设置与学生实际生活情景现实的教学环境。例如，在编排教学PPT时，可设置一个以学校生活为主题的背景，为学生演示时，通过教师制作的精美的画面，绚丽的动作路径，加上优美的音乐，这样做不仅能够活跃课堂气氛，同时也能让学生认识计算机知识的重要性和实用性，并能充分激发学生的学习兴趣和积极性。

第二，评价方式要注重形成性和全面性。教学评价能对教学起到诊断、评定、反馈、激励、强化和矫正的作用，是教学过程中的重要部分。传统的纸笔测验，侧重的是学生对计算机知识的记忆，也就是侧重学生所掌握的信息知识，在很大程度上忽视了对学生的信息意识、信息能力和信息道德的评价。真正的评价是学生能够利用所学到的信息知识，具备一定的信息意识和信息道德，对实际情境中的问题进行解决。对学生信息意识、信息道德和信息能力的测试需要在过程中评价。有鉴于此，教师不仅要关注评价的结果，也要关注评价的过程，对学生的信息素养做出全面的评价。对信息技术课程的评价结果不宜采用具体的分数标准，可采用四级评价，即优秀、良好、中等和差评或采用五级评价，即A、B、C、D、E。

（三）将信息素养融入学科课程

除了信息技术课程，教师在日常学科教学中也可融入对学生信息素养的培育，这种方式也是培育学生信息素养的一条有效途径。在专门教授信息技术、培育学生信息素养的信息技术教育课程之外，辅助以学科教学，不仅能够学习到学科知识，同时利用信息技术，让学科知识学习更有效率，也能让学生切实体会到信息技术的实用，提高学生学习信息技术的兴趣，提升学生的信息素养水平。

在学科教学时，教师可以根据具体教学需要，依据学生的年龄和心理特征、知识储备和能力水平等标准，精心选择主题，让学生上网搜索或去图书馆查找自己所需要的资料，从而能够避免学生在浩如烟海的网络数据库和图书馆中无所适从。在学生对信息进行利用、开发、评价和传播信息的阶段,教师要及时进行指导和鼓励,以避免学生出现认识方面的错误,有效地对学生信息素养进行培育。

三、发挥家庭教育的辅助作用

如今是信息化和网络化时代,计算机在普通家庭中的普及率不断上升。在家庭中,孩子接触计算机的机会是很多的。学生信息素养的培育是一个有层次的、连续提升的过程,鉴于此,学生信息素养的培育,有必要充分发挥家庭教育的辅助作用。

(一)培养学生信息意识,增强信息能力

信息意识即人们对信息的敏感程度,培养孩子的信息意识,能让孩子认识到信息的重要性。兴趣是最好的老师,兴趣会使孩子对信息更敏感。孩子遇到感兴趣的问题时就会在头脑中形成问题,父母对待孩子的问题不能缺乏耐心、直接告诉其答案,要引导孩子找到问题的答案,引导孩子自己去查资料解决,对所收集的信息进行筛选、加工。有条件的基础上,父母可以和孩子一起去图书馆或者上网进行查资料解决问题,这种培育孩子的信息素养方式不仅能够从小培养起孩子敏感的信息意识和较强的信息能力,而且保护了孩子的兴趣,让孩子体验到成就感。

(二)正确引导网络行为,培养信息道德

网络有利有弊,父母要对孩子的网络行为进行正确的引导,不能因为网络的弊端,就强制性地禁止孩子上网,这样可能会带来严重的后果。孩子在家中上网时,父母可为孩子在计算机上设置不同时段不同网络学习需求,设定有针对性的权限规则,让孩子健康利用网络。父母尽可能和孩子,特别是自制力比较差的孩子一起上网,同时对孩子进行引导,引导孩子接触有益的内容,避免孩子沉溺在游戏中。此外,家长需要告诉孩子,网络是虚拟空间,网络上的朋友是陌生人,不能轻易相信。家长可以帮助他们建立正确的网络价值观和网络安全意识。除此之外,父母要多与孩子交流,交换对网络信息的感想和见解,在交流过程中,父母对孩子的想法做到心中有数,并可适时进行引导,培养孩子的信息道德。

第四节　信息素养提升中道德意识培育

信息技术呈网络化、数字化、智能化趋势，学生接触网络的机会越来越多、使用网络越来越频繁。但网络在方便学生学习与生活的同时，也存在负面内容，令部分学生深陷其中。大学生的道德意识不够完善，易受网络不良信息的污染。信息技术道德知识的内容广泛，教师要增加学生的信息道德知识，促使他们形成健康的网络道德意识。

一、情境教学，促进领悟

大学生处于半成熟期，他们的意志品质相对较弱，自主学习能力不足，因此教师要创设情境，向学生讲述道德知识，激发学生的学习兴趣，调动学生的求知欲。可以运用故事、问题等进行导入，让信息课堂变得富有活力。教师要通过多样的方式促进学生对所学内容的理解，通过游戏、合作、实践等方式，强化其正确行为，指正其错误行为，进一步加深学生对信息道德知识的理解。

二、恰当指导，促进反思

"反思是学生审视、检验自身学习行为的过程。"[1] 在信息技术学习中，教师应通过有效的活动促使学生主动反思，促进他们的自我监控，从而达到预期的学习目标。学生通过对自身的学习与行为进行判断反思，能发展自己的思维，纠正自己的不当行为。教师要合理创设情境，导入所学知识，引发学生学习新知的兴趣。教师应围绕教学重点提出问题，通过问题引发学生的疑问，增进他们对知识的理解，发展学生的思维。教师在提问时要依据所学内容及学生的现实起点，合理控制问题的难度，让问题变得具有开放性、趣味性，吸引学生反思自己的行为，促进学生思维能力的发展。教师要为学生留出思考时间，让他们充分表达自己的观点，并在必要时为学生纠错，避免让他们在讨论时"跑题"。学生讨论问题后，教师要稍加点评，并对重难点进行讲解，让学生边听边思考，从而获得深刻的理解。在教师的引导下，学生会意识到自己行为的不当之处。教师要为他们提供认错、纠错的机会，引导他们加强自律，在自我监督与他人监督下约束自己的行为。

三、合作探究，展示作品

教师要创设合作的情境，加强学生间的互动交流，提升他们的合作能力。教

---

[1] 嵇云婷.培养道德意识，提升信息素养[J].清风，2021(18)：55.

师要将学生进行分组,让他们针对问题展开深层次的探索,从而形成深度理解。教师要选择学生感兴趣的内容进行导入,先为学生提供诸多探究的主题,让他们以小组共学的方式完成探究任务,并将所探究的内容制作成简报、PPT等作品。

四、调查实践,形成作品

教师要加强与社会的联系,让学生去了解网络法规及网络犯罪等内容,并将这些知识制作成作品去宣传。教师可为学生确立调查实践的主题,也可让学生依据自己的兴趣自拟有价值的内容。学生根据自己的兴趣去搜集信息并加以汇总,可以采用多样的方式。学习小组可采取访谈、问卷调查等形式获得第一手资料,这样的活动能提升他们的实践能力。在课堂上,教师应引导学生分享自己的调查经历,让他们对学习中的疑点进行交流,增进他们对计算机道德的理解。课后,学生可将自己的实践调查结果进行整理,制成一个宣传作品,学校可以出一期宣传栏,也可以在微信群中推广。人们在浏览学生的宣传作品后,会从中获得启发,也可以留下自己的建议,学生要依据记录下来的建议对作品进行修改。

总而言之,在信息技术教学中,教师要针对网络上存在诸多不良信息、部分学生不加辨别加以接收的现状,采取多样的教学方式,引领学生抵制网络不良信息,从而提升学生的信息道德素养。

第五节 互联网时代信息素养评价体系

互联网目前已经渗透到各行各业中,信息传播途径日益拓宽,信息量和信息传播速度迅速增长,信息素养已经成为互联网时代人们必备的技能。大学生信息素养水平的高低会影响他们对信息的利用和获取。大学生信息素养的提升对促进学生学习效果、推动教育信息化建设、提高终身学习能力发挥着重要作用。近年来,为了落实以立德树人教育理念为导向的教学目标,培养满足社会需求的创新创业人才,各高校将信息素养列为大学生综合素质的组成部分,开展了各类形式的信息素养教育活动。作为大学生信息素养评价的依据,有必要构建当代社会与立德树人教育理念相契合的信息素养评价指标体系,帮助高校管理者制定可行有效的信息素养提升措施。

一、互联网时代信息素养评价体系的设计依据

信息素养包括信息意识、信息知识、信息能力、信息道德四个要素，随着"互联网+教育"的不断融合，各校不断创新教学模式，开展智能校园的建设，由原有的传统式以教师为中心向以学生为中心转变。因此，评判信息素养能力需要从满足当代大学生的需求和个性特点着手。为了确保学生能够更方便地表达自身需求，需要重视学生的信息诉求能力，判定其能否进行自身需求的正确表述并得到快速响应。大学生每天都能接收到大量的各类数据，面临着如何获取到有用信息并对其合理利用的困惑，而只有把现有数据加以存储才能为后期分析、利用提供数据支撑，体现出数据存储的价值。所以应该在信息素养评价因素中考查学生的数据储存能力。

由于个体差异，各自的学习能力和对信息素养知识的掌握程度不同，通过网络搜索信息的方法不一样，使得筛选辨识有用信息的速度存在着不同，这就需要考查学生对信息定位的能力。以往高校中对全校学生提供信息素养教育服务的主要是图书馆管理人员，而由于学生所学专业的不同，各专业对于信息素养能力的要求也有所差异，而在"互联网+"时代，信息素养成为大学生综合素质评价的重要内容，教务处、学生处、高校教师等都积极参与学生的信息素养教育，学生信息素养能力的高低也反映出他们是否具备利用所掌握的技能获知专业前沿知识和发展趋势的能力。因此，有必要在评价信息素养时增加对学生专业信息把握能力的考察。

二、互联网时代信息素养评价体系的指标构建

根据对相关文献的梳理，结合对"互联网+"时代学生所处环境和个性特点的分析，本着系统性、适用性、时效性、可操作性的构建原则，本书设计了表5-1[①]所示的学生信息素养评价体系。

---

① 薛永先，杨晓梅，徐思如，等."互联网+"背景下大学生信息素养评价体系构建[J].科技创业月刊，2022，35(5)：124.

第五章　互联网时代信息素养及其道德意识培育

表 5-1　互联网+背景下大学生信息素养评价体系

一级指标	二级指标	三级指标	解释
信息素养（A）	信息意识（B_1）	专业信息把握（C_{11}）	对和自己专业有关的最新信息的了解和把握
		信息安全意识（C_{12}）	防止重要、敏感的信息泄露
		信息捕获（C_{13}）	捕获生活中有用的信息
		数据储存（C_{14}）	完成数据编辑后有意识地进行存储，保存重要信息
	信息知识（B_2）	信息来源（C_{21}）	了解信息的产生、传播过程
		信息定位（C_{22}）	能够找到信息中的关键词
		信息诉求（C_{23}）	能够清晰表达自己的需求
	信息能力（B_3）	信息检索能力（C_{31}）	能够使用不同的表达方式来检索信息
		不良信息处理能力（C_{32}）	对不良信息及时、正确处理
		信息工具使用能力（C_{33}）	能够使用不同的信息检索工具，并且了解不同检索工具的优缺点
		信息获取能力（C_{34}）	能够通过多个途径获得信息
		信息引用能力（C_{35}）	能够正确引用信息
	信息道德（B_4）	信息传播规范（C_{41}）	能够确定自己传播的信息符合道德规范
		知识产权（C_{42}）	懂得知识产权相关法律
		言论恰当（C_{43}）	能够运用恰当的言论表达信息

结束语

　　本书的选题具有一定的前沿性和开创性，具有较强的理论意义和实践价值。在撰写本书时，笔者紧扣"互联网"行动计划上升至国家战略，成为我国经济发展新的驱动引擎这一大背景，具体分析了在互联网时代高速发展的信息技术影响下，人们生活方式的变革给高校德育和学生素质培育实践带来的机遇和挑战，进而探讨了实施"互联网＋德育"与"互联网＋素养"深度融合的必要性和可能性，并总结出高校德育实践与学生素质培育随着互联网的发展不断创新的经验和启示，从而研究出互联网时代创新德育与培育学生素养的总体思路和实践路径。

参考文献

一、著作类

[1] 房淑杰，冯中鹏. 德育：永不缺失的教育 [M]. 银川：阳光出版社，2018.

[2] 蒋智华. 网络素养教育与大学生成长研究 [M]. 北京：现代出版社，2015.

[3] 靳玉乐，张铭凯，郑鑫. 核心素养及其培育 [M]. 南京：江苏人民出版社，2018.

[4] 李刁. "互联网+"时代高校德育实践创新研究 [M]. 武汉：华中师范大学出版社，2019.

[5] 刘忠孝，陈桂芝，刘金莹. 高校德育论 [M]. 哈尔滨：黑龙江人民出版社，2019.

[6] 龙丽嫦，曾祥潘，简子洋. 用技术解决问题——教师信息素养88个情景实例 [M]. 广州：暨南大学出版社，2014.

[7] 孙峰，龙宝新. 德育原理 [M]. 西安：陕西师范大学出版总社有限公司，2020.

[8] 王晶，董艳艳，陈长东. 大学生人文素养概论 [M]. 北京：中国书籍出版社，2013.

[9] 吴铎. 德育课程与教学论 [M]. 杭州：浙江教育出版社，2003.

[10] 赵菊，李燕. 大学生心理健康教育 [M]. 武汉：武汉大学出版社，2017.

二、期刊类

[1] 柴世钦. 新时期我国国有企业德育激励模式探析 [J]. 湘潭大学学报（哲学社会科学版），2007（3）：143.

[2] 陈曦. 高校德育教育创新方法探究——评《高校德育创新与文化建设》[J]. 中国教育学刊，2022（6）：149.

[3] 樊红霞. 网络时代大学生人际关系教育与引导 [D]. 徐州：中国矿业大学，2016：21–24.

[4] 高文苗. 高校德育高质量发展的意义与方向 [J]. 中国高等教育，2021（23）：41–43.

[5] 郭旭. 改进高校德育方法刍议 [J]. 学校党建与思想教育（高教版），2012（11）：41–42.

[6] 郝佳婧. 互联网时代高校课堂的理性审视与现实出路——以思想政治理论课为例 [J]. 三门峡职业技术学院学报，2021，20（1）：65.

[7] 何新华. 5G 时代大学生媒介素养教育路径探析 [J]. 传媒，2022（5）：77–79.

[8] 嵇云婷. 培养道德意识，提升信息素养 [J]. 清风，2021（18）：55.

[9] 寇杪. "互联网+"时代高校德育实践挑战与应对 [J]. 教育评论，2020（1）：114.

[10] 李刁. "互联网+"背景下高校德育实践创新方法研究 [J]. 高等继续教育学报，2019，32（2）：34.

[11] 李戈. 当代国有企业思想政治教育现状与对策研究 [D]. 太原：山西财经大学，2015：26.

[12] 李花波. 互联网技术普及给人文素养带来的影响分析 [J]. 农家参谋，2020（23）：109.

[13] 李建华. 论大数据时代高校德育之立德树人 [J]. 学校党建与思想教育，2021（3）：39–43.

[14] 李文政. 优化协同：高校德育治理体系现代化之路径选择 [J]. 学术探索，2022（2）：131–138.

[15] 李泽华. 再论高校德育工作的境界 [J]. 学校党建与思想教育（普教版），2013（10）：19–21.

[16] 梁丽. 大学生网络素养教育的融合式课程探索 [J]. 学校党建与思想教育，2021（1）：79–81.

[17] 刘哲，吴胜红. 论高校德育的文化属性及其实现 [J]. 学校党建与思想教育，2021（18）：30–32.

[18] 楼艳，郭立群. 构建高校德育共同体：教育生态学的视角 [J]. 国家教育行政学院学报，2021（3）：82–89.

[19] 任海涛，魏巍.高校德育：从自治、自律到自觉[J].中国青年研究，2012（7）：113–116.

[20] 申明.德育：养成人道德品质的社会活动——德育本质的探讨[J].湖湘论坛，2006（5）：72.

[21] 王道阳，姚本先.当代大学生压力源调查分析[J].中国卫生事业管理，2012，29（6）：468–470+476.

[22] 王君健.论高校德育的承认转向[J].当代教育科学，2015（23）：9–10.

[23] 王淑娉，陈海峰.数字化时代大学生数字素养培育：价值、内涵与路径[J].西南民族大学学报（人文社会科学版），2021，42（11）：215–220.

[24] 王志强，刘苏，王君睿.新媒体视域下大学生媒介素养教育机制与效果研究[J].新闻知识，2022（3）：67–72.

[25] 谢孝红.当代大学生网络素养教育研究[D].成都：四川师范大学，2017：16.

[26] 徐新洲.新时代高校生态德育的价值取向与实践维度[J].江苏高教，2021（10）：90–94.

[27] 薛永先，杨晓梅，徐思如，等."互联网+"背景下大学生信息素养评价体系构建[J].科技创业月刊，2022，35（5）：124.

[28] 杨威，李馥荫，李炳全.大学生抗挫折心理能力、核心素养、应对方式对学业挫折感的影响[J].高教探索，2021（3）：124–128.

[29] 俞凤茹，刘文焕，杨倩茜.大学生常见的网络心理障碍与自我调适[J].教育探索，2009（10）：126.

[30] 袁晓萍，李晓华.高校德育：把生命点亮的教育[J].江苏高教，2018（2）：60–62.

[31] 张成林,车越彤,杨翠.论高校德育的生成逻辑[J].黑龙江高教研究,2021(12)：1–6.

[32] 张浩.高校德育工作的复杂性探析[J].教育探索，2012（3）：120–122.

[33] 张立明.高校德育途径新探[J].教育探索，2013（3）：110–111.

[34] 张蕴.高校德育生态共同体建构的理论逻辑与实践路径[J].社会科学家，2021（5）：150–155.

[35] 张展，周琪超.基于"00后"大学生的德育实效性研究[J].学校党建与思想教育，2021（4）：78–80.

[36] 赵祖地.论高校德育评估的基本规律[J].学校党建与思想教育（高教版），2014（8）：17-19.

[37] 郑华.当代大学生人际关系优化研究[D].信阳：信阳师范学院，2014：18-22.

[38] 钟佩君,吴涛.传承经典与新时代大学生素养提升探究[J].思想理论教育导刊，2019（11）：148-152.

[39] 周宏菊.社会主义核心价值观融入大学生素养体系论析[J].学校党建与思想教育，2016（16）：32-34.

[40] 邹艳辉.基于互联网思维的高校德育创新[J].中国石油大学学报（社会科学版），2016,32（1）：99.